Lass die Bilder klingen
Gedichte aus dem Chinesischen von Manfred Dahmer

Freude am Lesen. Vase mit Deckel, Porzellan mit Fünffarben-Dekor (wǔcǎi
五彩). Qīng 清-Dynastie, Ära Kāngxī 康熙 (1662-1722). Staatliche Museen zu
Berlin. Stiftung Preußischer Kulturbesitz. Museum für Asiatische Kunst. Ost-
asiatische Kunstsammlung. Inv. Nr. OAS ChK 709 a/b. Foto: Jürgen Liepe.

Lass die Bilder klingen

Gedichte
aus dem Chinesischen
von
Manfred Dahmer

Eine Auswahl gelesen von
Manfred Dahmer (deutsch) und
Xú Lóngfēi (chinesisch)

Bibliographische Information der Deutschen Bibliothek
Die Deutsche Bibliothek verzeichnet diese Publikation in der Deutschen
Nationalbibliographie, detaillierte bibliographische Daten sind im Internet
über http://dnb.ddb.de abrufbar

© 2007 by Medizinisch Literarische Verlagsgesellschaft mbH
Postfach 1151, D 29501 Uelzen, E-Mail: vertrieb@mlverlag.de,
Homepage: www.mlverlag.de

CD: Aufnahmeleitung: Eberhard Bätza; Ton und Technik: Rainer Schwarz

Umschlagbild: Schriftzeichen der Widmung von Fāng Chūnyáng

ISBN 978-3-88136-241-2

Druck: Griebsch & Rochol Druck GmbH, Gabelsbergerstr. 1, 59069 Hamm

Inhalt

Aufzeichnungen zur Musik, Yuèjì

Qín

Aus dem Buch der Lieder, Shī Jīng

Aus Lǎozi, Dào Dé Jīng
Das Dào und seine Wirkkraft

Yǎngshēng – Das Leben nähren und pflegen

Anhang

9

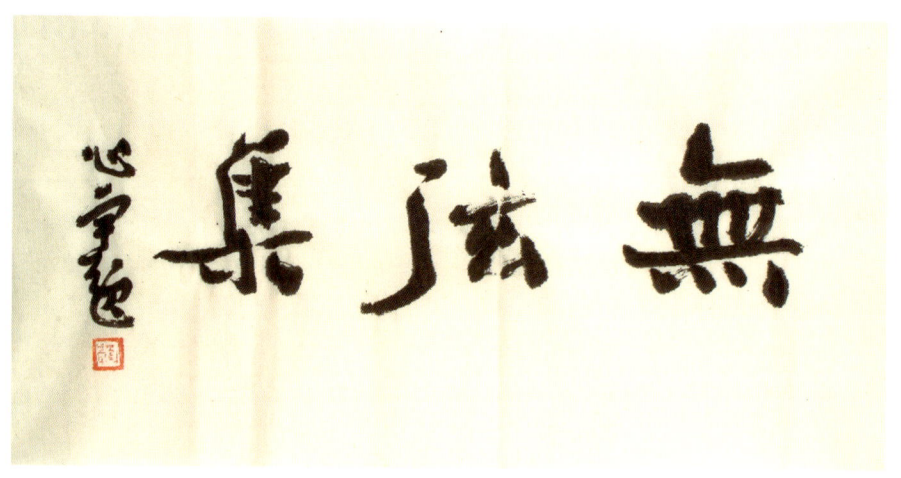

Zueignung - diesem Gedichtband ohne Saiten
von Liú Xīnyǔ 劉心宇, wú xián jí 無弦集
(vgl. S. 27 und 137)

Vorwort

„In Ketten tanzen"

„Was man auch von der Unzulänglichkeit des Übersetzens sagen mag, so ist und bleibt es doch eines der wichtigsten und würdigsten Geschäfte in dem allgemeinen Weltverkehr."

Goethe schrieb bestätigend für alle Übersetzer diese Worte, die besonders für das Über-Setzen von Gedichten im chinesisch-deutschen „Weltverkehr" zutreffen. Karl Krolow schreibt in seinem Büchlein mit dem fast fernöstlichen Titel *"Schattengefecht":*

„Der Vorgang des Übersetzens ist für mich immer ein sinnenhafter Vorgang gewesen. Man kommt unversehens dem anderen Stoff, dem fremden Körper, seiner eigentlichen Beschaffenheit nahe, ich möchte sagen: beängstigend nahe! Man beginnt, ihn zu ertasten. Man spürt die fremde Wärme, die fremde Kälte. Man fühlt das fremde Leben, und Neugier und Entmutigung halten einander die Waage."

Diesen Worten von Goethe und Krolow ist nichts mehr hinzuzufügen. Sie sind Vor-Wort genug, für dieses Bändchen mit Lyrik aus dem Chinesischen. Das Folgende sei Kommentar, sei erläuterndes Spiel, um lyrische Metamorphosen zu umschreiben:

In Ketten tanzen

es sich schwer machen und dann die Täuschung der Leichtigkeit darüber breiten – das ist das Kunststück, sagt Nietzsche.

Nietzsches schöne Metapher darf man schon an den Anfang stellen, wenn es um „übersetzte Gedichte" geht, zumal um Gedichte aus dem Chinesischen.

Aber eigentlich ist dieses Bild zu grob für das Phänomen Piktogramm einer Sprache, die nur das „Einsilbige" kennt. Die aber keine ihrer Silben zu einem eindeutigen Verständnis des Inhaltes abwandelt, geschweige denn, dass sie uns in der verdichteten Form der altehrwürdigen chinesischen Schriftsprache genauere Anhaltspunkte gibt, mit welchen Wortarten wir es zu tun haben, wo sich die unterschiedlichen Elemente der Grammatik in einer syntaktischen Einheit befinden, geschweige denn, die Zeiten ausformuliert. Auch den Chinesen ist die Zeit „ein sonderbar' Ding". Immerhin wissen wir, das Wichtigste steht immer am Ende eines Satzes.

Also, wäre hier einzuwenden, gehört auf so eine grobe Sprache auch ein grober Keil. Die Übersetzer tanzen in diesem speziellen Fall nicht nur in Ketten, sondern sie sind auch noch blind dazu.

Die Unzulänglichkeit des Übersetzens

Wer chinesische Zeichen umsetzen will, Lyrisches in Lyrik verwandeln will, der muss auch auf chinesische Art tanzen, genauso gefesselt, mit den so unwestlichen Zeitvorstellungen, die in nicht nur musikalischen Ritualen der frühen Zeit die Zeit neu definierten. Gefesselt ist der Tänzer so gleichsam mit Seidenbändern, die lassen mehr Freiheit, aber sie schneiden auch schärfer ins Fleisch.

Erforderlich sind andere Sensibilitäten. Und eine Metapher dafür, eine überaus stimmige, lässt sich in jenem Bereich finden, der eigentlich jedem Übersetzer von Lyrik vertraut sein müsste: in der Musik. Vielleicht besäßen wir im Westen ohne die Lyra auch keine Lyrik?

In den Buddhistischen Grotten von Dunhuang hat man Fragmente notierter Musik gefunden, die auf der chinesischen Laute, der Pipa, zu spielen sind. Festgefügte Folgen einzelner Töne, die ohne rhythmische Angaben wie das starke Gerüst eines Chorals, wie das Schreiten gestrenger Ritualmusik auf dieser Laute erscheinen, ohne allen Charme des so intimen Saiteninstrumentes. Das ließen aber die Musiker, die stets auch Poeten waren, nicht so gelten.

Sie suchten und fanden ein stimmiges Bild, um diese Tonblöcke in Musik zu verwandeln: Der Baum, der Stamm und die Verzweigungen seiner Krone. Das, was den Baum „im Innersten zusammen hält", sahen sie in den statisch-unrhythmisierten Tonblöcken.

Dass dieser Baum auch zu leben beginnt, ist die Aufgabe des in der chinesischen Musik, in der ostasiatischen Musik allgemein, immer nachschöpferischen Interpreten. Er hat diesem Baumgerüst nun die feineren Äste und Verzweigungen hinzuzufügen. Das sind in der Musik die unterschiedlichsten Varianten von Tonverbindungen, sind Ornamente, sind Klangfarben, sind dynamische Schattierungen etc. Doch wir müssen hier nicht verschämt unser westliches Licht unter den Scheffel stellen. Denn genau jenen nachschöpferischen Herausforderungen begegnen wir zum Beispiel auch schon in der Überlieferung des Gregorianischen Chorals, oder auch in der Barockzeit, in der viele Komponisten nur melodische und harmonische Gerüste besonders in langsamen Sätzen lieferten, und sie es dem Interpreten überließen, daraus eine Musik *erblühen* zu lassen. Silvestro Ganassi hat dazu mit seiner Diminutions-Lehre jenen Hilfe geboten, denen es an Phantasie mangelte.

Sind also dem Musiker die Verzweigungen und Äste gelungen, dann fehlen nur noch die Blätter, und es fehlt noch das Wichtigste eines Baumes, einer Pflanze, die Blüten und die Früchte. Damit erst beginnt die Musik zu leben, zu wachsen, gleichsam Früchte zu tragen.

Die fremde Wärme – die fremde Kälte – das fremde Leben

Karl Krolows Büchlein „Schattengefecht", aus dem diese Worte stammen, sollten wir – wenn es um das Reich der Mitte geht, umdeuten, sanfter und härter müsste der Buchtitel „Schattenboxen" heißen, so falsch dieses Wort für die Darstellung von „Allerhöchstem", dem Tàijí im Tàijíquán, auch ist.

Der Übersetzer chinesischer Lyrik fühlt sich oft wie ein nachschaffender Musiker: er sucht Maße und Rhythmen, die dem Original in seiner Dichte angemessen erscheinen. Er greift dabei auch zurück auf die Jahrhunderte lang erprobten Versmaße der Poetik, bis hin zu jenen poetischen Einheiten, die in unserer Zeit gerade am Versinken sind: Es kann ein Sonett entstehen, eine Sapphische Ode oder eine Asklepiadeische Ode, die mit ihren verdichteten Schlussversen ein überzeugendes Fazit einer Strophe hervorheben. Hexameter oder gar Distichen bieten für manche Gedichte eine adäquate Darstellung, da sie in

14

längeren Verszeilen eine poetische Ausschmückung zulassen, die als unausgesprochene Assoziation der schillernden chinesischen Zeichen oft unartikuliert bleibt. Auch der nicht formal Geschulte spürt oft in solch frühen lyrischen Versmaßen oder Strophenformen die Stimmigkeit, die rhythmische Überzeugungskraft und letztlich eine Dichte, die vergessen lassen soll, dass es sich um „Über-Setzung" handelt. Die Vielfalt ist groß, in Ketten zu tanzen.

„In meinem Lied ein Reim, käme mir fast vor wie Übermut!" Brecht sah schon „schlechte Zeiten für Lyrik". *„Der Reim ist heilig",* meinte hingegen Franz Werfel.

Von allen Seiten scheint man an den Ketten zu zerren, um den Tanz zu beeinflussen, um ihn nach eigenen ästhetischen Vorstellungen zu choreographieren. Oft sind da zerbrochene Kettenglieder wieder zusammenzuschweißen.

Oft werden von ganz unbekannter Seite völlig neue Ketten umgehängt, Ketten, die den Tänzer fast zu Boden ziehen. Oft verliert er alle bindenden Ketten, und der Tanz steigt auf in die Wolken; lässt sich vom Mond, dem auch in China gleichsam romantisch unendlich Geliebten verwirren, weiß nicht mehr von oben und unten, und es gilt, ganz von vorne wieder nach dem Sinn von Himmel und Erde zu suchen.

Viele der in diesem Bändchen enthaltenen Gedichte sind entstanden für die Gesprächskonzerte mit der chinesischen Griffbrettzither Gǔqín, die von der Medizinischen Gesellschaft für Qìgōng Yǎngshēng in Bonn seit einigen Jahren veranstaltet werden. Andere sind entstanden für die Qìgōng-Seminare dieser Gesellschaft.

Wú Wénguāng 吴文光, der mich vor fast drei Jahrzehnten bereits bei meinen Studien zur Qín begleitet hat, danke ich herzlich für seine Kalligraphie zum „Sonnenpass", die diesem Band einen glänzenden Akzent verleiht.

Großen Dank gilt es auszusprechen an Frau Chu Hui-lien 朱慧蓮 in Bonn. Sie hat die meisten der hier übersetzten lyrischen Schätze aus dem unendlichen Repertoire der chinesischen Dichtung ausgegraben. Sie hat mit ihrer tiefen Kenntnis der frühen Lyrik die zahlreichen kritischen Stellen in vielen Gedichten kommentiert und so eine Übersetzung erst ermöglicht. Dank auch an Frau Dr. Gisela Hildenbrand, die sich unermüdlich für diese Veröffentlichung eingesetzt hat.

Mein ganz besonderer Dank gilt Herrn Prof. Dr. Xú Lóngfēi 徐龍飛 von der Peking-University. In seiner Begeisterung für Musik und Dichtung Chinas hat er selbst mit vier Gedichten zu diesem Band beigetragen. Er hat zahlreiche Verbindungen und Kontakte zu chinesischen Gelehrten, Dichtern, Musikern und Kalligraphen geknüpft und gepflegt, die die Veröffentlichung dieser Übersetzungen bestärkt haben, und die mit ihren Widmungen und Kalligraphien diesen Band ausschmücken: gedankt sei hier Fāng Chūnyáng 方春陽, Fàn Yùméi 范煜梅 und Liú Xīnyǔ 劉心宇. Nicht zuletzt müssen wir Xú Lóngfēi besonders dankbar sein, dass er die Zeit fand und sich bereit erklärte, während eines kurzen Deutschland-Aufenthaltes die chinesischen Originaltexte für die beiliegende CD zu rezitieren.

Dadurch erhält der Hörer, der Leser, dem die chinesische Sprache bisher „chinesisch" vorkam, auch einen Eindruck vom Original. Und wir erhalten damit zumindest eine kleine Ahnung, mit welchem Klangreichtum, welcher Dichte und welcher elementaren Musikalität die klassische chinesische Sprache zu faszinieren vermag.

Reichlos, im Frühling 2007

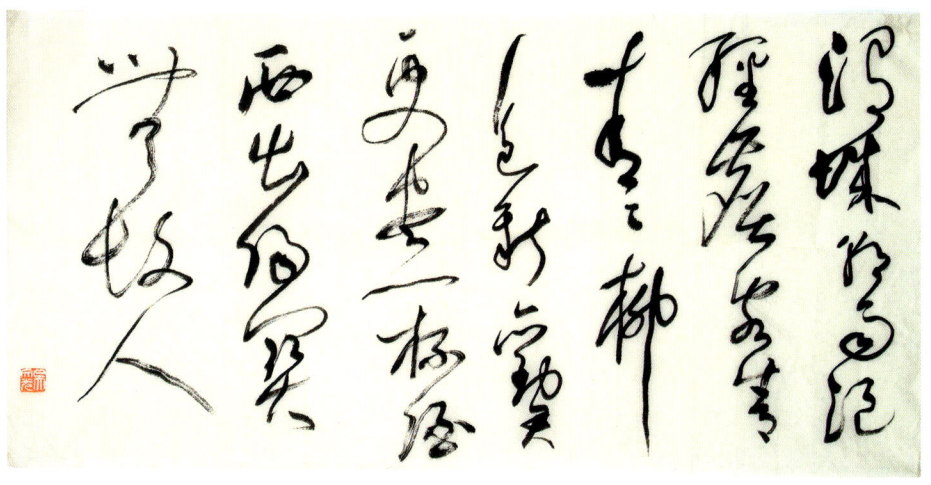

Morgenregen hat den leichten Staub der Stadt benetzt -
Vor dem Gasthaus stehn die Weiden jetzt in frischem Grün.
Bitte, trinke du noch diesen Becher Wein, zuletzt -
Ohne Freunde wirst vom Sonnenpass du westwärts ziehn.

Gedicht von Wáng Wéi 王維, vertont im Qín-Lied „Abschied
am Sonnenpass" (yángguān sāndié 陽關三疊)

Von Wú Wénguāng 吳文光 für diesen Band geschrieben
Běijīng, im Frühling 2007

Widmung von Fāng Chūnyáng

Vor Dir liegt hier dies kleine Bändchen Poesie:
Es geht um Himmel, Erde, Mensch,
Um Größe der Natur:

Nun forsche tiefer nach dem Sinn, in jedem Wort
Liegt mehr, als nur des ersten Lesens flücht'ge Spur,

Lies weiter, öfter, lass die Bilder klingen:
Mit Dichterworten wird es leicht,
Das Leben nähren, pflegen.

Du musst der Worte lichtvoll-helles Yáng gut halten, achten,
Dann kann sich auch ihr schatten-dunkles Yīn gleich frei bewegen.

方春陽

一卷能知天地心
還從詩外細沉吟
頤生秘旨原平易
只在涵陽以配陰

CD track 01

Aufzeichnungen zur Musik, Yuèjì

Musik ist Freude
Und ohne Freude sein, das kann der Mensch nicht tragen
Doch mit der Freude kann er nicht umhin
In Klängen und in Tönen sich zu äußern
Und mit Bewegung und mit Ruhe sie zu formen.
Fehlt den geformten Tönen aber Führung
Dann fehlt auch alle Ordnung
Und Wirren hassten unsre frühen Herrscher
So schufen sie die Oden zu den Liedern
Zu den Lobgesängen
Um so zum rechten Weg zu führen.

樂記

夫樂者樂也，人情之所不能免也。
樂必發於聲音，形於動靜，人之道也。
形而不爲道不耐無亂。
先王恥其亂，故製雅頌之聲以道之。

CD track 02

Aufzeichnungen zur Musik, Yuèjì

Große Musik muss einfach sein, große Rituale leicht.
Erreicht die Musik ihr Ziel, gibt es keinen Streit.
Erreichen die Riten ihr Ziel, gibt es keinen Kampf.
Wird die Welt mit Höflichkeit und Zuvorkommenheit regiert,
tragen Riten und Musik ihren Namen zu Recht.

樂記

大樂必易，大禮必簡。
樂至則無怨，禮至則不爭。
揖讓而治天下者，禮樂之謂也。

CD track 03

Aufzeichnungen zur Musik, Yuèjì

Gibt es nicht Grausamkeiten mehr im Volk
Und herrscht Gehorsam, guter Führung folgend
Sind alle harten Strafen ungebraucht
Und keine Kriegsgeräte werden mehr gebaut
Sind dann die Menschen auch nicht mehr betrübt
Und ohne Zorn der Himmelssohn
Dann hat Musik ihr hohes Ziel erreicht

樂記

暴民不作，諸侯賓服，
兵革不試，五刑不用，
百姓無患，天子不怒，
如此，則樂達矣。

Farbiges Tonfigürchen einer Qín- oder Sè-Spielerin. Grabfund aus der Zeit der Streitenden Reiche (475-221 v. Chr.). Archäologisches Forschungsinstitut der Provinz Shāndōng. Aus: Wú Zhāo 吳釗: „Auf der Suche nach den vergangenen Spuren der Musik" (Zhuīxún shìqùde yīnyuè zōngjī 追尋逝去的音樂蹤跡). Běijīng: Dōngfāng, 1999, S. 86, 上 8.18.

Qí Jǐ

In einer Herbstnacht lausche ich dem Qín-Spiel eines
hochgelehrten Daoisten

Abendstille, Zeit des Schweigens
Wert zu lauschen edler Melodie
Herz des Menschen darin ganz versunken
Welt von selbst in Frieden, Harmonie
Wasser rein, der Herbst wie Jadegrün
Alte Weise, Wind von höchster Klarheit
Lang ist's her, da hört' ich einmal diese Töne blühn
Doch heut Nacht erst fühl ich ihre ganze Wahrheit

齊己
秋夜聽業上人彈琴

萬物都寂寂，堪聞彈正聲。
人心盡如此，天下自和平。
湘水瀉秋碧，古風吹太清。
往年廬嶽奏，今夕更分明。

Bái Jūyì
Qín-Spiel auf dem Boot

Die Raben ruhen, die Fische unbewegt
Der Mondglanz auf dem Fluss, die tiefe Nacht
Um mich kein Tun, nichts was mir Sorgen macht
Hab ich doch meine Qín ins Boot gelegt
Die sieben Saiten, nutzvoll liebe Freunde
Für meine Ohren, die Musik verstehen
Mein Herz wird friedvoll mit den zarten Tönen
Dem Gestern, Heute kann ich so entgehen

白居易
船夜援琴

鳥棲魚不動，月照夜江深。
身外都無事，舟中只有琴。
七弦爲益友，兩耳是知音。
心靜即聲淡，其間無古今。

Bái Jūyì
Leben im Frühling

Benetzt vom leichten Regen
Im Garten jeder Baum
Und jedes Blatt erstrahlt beperlt im neuen Licht

Darunter wiegt der Wind
Des Teiches Spiegel sanft
Der flachen Sonne Rund im Wellenspiel zerbricht

Dann naht die Dämmrung schon
Der Schatten Spiel beginnt
Der Frühling lässt des Wassers Farbe tiefer leuchten

Ich denk' an Táo Yuānmíng
Die Qín an seiner Wand
Die ließ er saitenlos im Geist gespielt erklingen

Ich greif zu meiner Qín
Mit Saiten stets bespannt
Die werden diese Frühlingsszene mir besingen

白居易
履道春居

微雨灑園林，新晴好一尋。
低風洗池面，斜日折花心。
暝助嵐陰重，春添水色深。
不如陶省事，猶抱有弦琴。

Bái Jūyì
Drei Freunde am nördlichen Fenster

Hab am nördlichen Fenster den Tag verbracht
Und Ihr fragt jetzt, was da wohl geschehen?
Drei Freunde haben mich glücklich gemacht
Diese drei sollt Ihr gleich verstehen:

Zuerst Qín gespielt – dann Wein getrunken
Dann Gedichte geschrieben – in Zeichen versunken.
Drei Freunde, die mich immer geleiten
Im Kreislauf des Lebens, durch alle Zeiten.

Erfüllte Zeit ist's, die Saiten zu schlagen;
Gesundend, gar heilend, Gedichte zu wagen;
Und wenn ich über Leere im Innren erschrecke:
Ist's der Wein, mit dem ich sie fülle, verdecke.

Doch glaubt nicht, dass nur ich solche Tollheiten liebe
Viele Alte hatten dieselben Triebe:

Manchen Denker zog es zur Dichtung hin;
Viele Dichter liebten Musik der Qín;
Und der Wein machte alle leicht und frei:
Und als Lehrer hatte ich genau solche drei.

Ein Gedicht, einen Wein, auf den Saiten ein Stück:
War ihnen Tiefste Freude - war Höchstes Glück.

Meine Lehrer lebten vor langer Zeit,
Ihren Ruhm kann ich nicht mehr teilen.
Die drei Freunde sind für mich stets bereit,
Jeden Tag darf ich mit ihnen weilen.

Auf Muster aus Jade drück' ich die Finger, linker Hand
Über Marken aus Gold schlage ich rechts mit flinker Hand.
Betrunken schwanke ich auf hin zu Tusche und zu Papier
Und mit fliegendem Pinsel schreib ich Verrücktes mir:

Wer wagt es von Euch, dies Gedicht, dies emphatische Spiel
                                      mit den Zeichen
Als meinen Dank den drei Hochgeschätzten zu überreichen.
Es sei denn, Ihr haltet dies, mein Gedicht für völlig missglückt,
Oder haltet am Ende Ihr alles für falsch und mich für verrückt.

白居易
北窗三友

今日北窗下，自問何所爲。欣然得三友，三友者爲誰。
琴罷輒擧酒，酒罷輒吟詩。三友遞相引，循環無已時。
一彈愜中心，一詠暢四肢。猶恐中有間，以酒彌縫之。
豈獨吾拙好，古人多若斯。嗜詩有淵明，嗜琴有啓期。
嗜酒有伯倫，三人皆吾師。或乏儋石儲，或穿帶索衣。
弦歌復觴詠，樂道知所歸。三師去已遠，高風不可追。
三友游甚熟，無日不相隨。左擲白玉卮，右拂黃金徽。
興酣不疊紙，走筆操狂詞。誰能持此詞，爲我謝親知。
縱未以爲是，豈以我爲非。

Schnell, elegant, wie die Sterne des Himmels
Geordnet, geführt in stimmigen Bahnen.
Langsam, bedächtig, wie sanfte Wellen des
„Fließenden Wassers": Endloses Ahnen.

Ein Doppelvers des sōngzeitlichen Qín-Meisters,
Mönch Yìhǎi 義海 , über Tempo-Metaphern der Qín-Musik.
Respektvoll geschrieben von Fàn Yùméi 范煜梅 zum Jahresende 2006

急若繁星
不亂緩若
流水不絕

宋琴僧义海語
丙戌歲末范煜梅敬書

31

Bái Jūyì
Qín

Stumm liegt die Qín hier vor mir auf dem Tisch, keine Saite erklingt;
Ich, von Gefühl übermannt, lauschend sitz ich und stumm.

Warum sollt ich mich mühen, die Saiten zum Schwingen zu bringen,
Wo doch die Saiten des Winds edelste Töne singen.

白居易
琴

置琴曲几上，慵坐但含情。
何煩故揮弄，風弦自有聲。

Bái Jūyì
Das Fenster zum See

Abendstille - übern Teich
Strömt der Wasserlilien Duft

Tief versunken in Gedanken
Blick vom Fenster auf den Bambus
Erster Herbst liegt in der Luft

Einsam diese Abendstunde
Keiner hier, mich zu begleiten

Doch es gibt ein Gegenüber
Das versteht den Abendzauber
Meine Qín mit sieben Saiten

白居易
池窗

池晚蓮芳謝，
窗秋竹意深。
更無人作伴，
唯對一張琴。

Bái Jūyì
Liebenswert, der Qín zu lauschen

Im tiefsten Innern liebenswert, Musik
Auf Wútóng-Holz und sanften Seidensaiten;
Denn kaum, dass man den klaren Tönen lauscht,
Da kann kein irdisch Tun mehr Not bereiten.

Ein Ton der Qín dringt in die Seele ein,
Er kann ein Herz von Leid und Last befrein.

Voll Reinheit, heiter sind die Seiden-Töne,
Dass manche Krankheit einfach flieht, verschwindet;
Voll Stille sind sie, voller Harmonie,
Dass man darin gar Kultivierung findet.

Und als man heute mir ein Freuden-Stück gespielt,
Da hab sogar ich Alter, Grauer, Trost gefühlt.

白居易
好聽琴

本性好絲桐，塵機聞即空。
一聲來耳里，萬事離心中。
清暢堪銷疾，恬和好養蒙。
尤宜聽三樂，安慰白頭翁。

CD track 06

34

Wútóng-Vogel auf
Wútóng-Baum von Lán
Yīng 藍瑛 (1585-1664).
Aus: Chinesische Kunst,
Malerei, Kalligraphie,
Steinabreibungen, Holz-
schnitte von Werner
Speiser, Roger Goepper
und Jean Fribourg.
Zürich 1965, S. 140

35

Mèng Jiāo
Der Qín lauschen

Seufzendes Säuseln des Regens, endlich vorbeigezogen;
Blätter des Wútóng Baums singen ihr Lied von fern.
Hinter den westlichen Gipfeln vollendet der Mond seinen Bogen;
Hier und da am Himmel schimmert ein blasser Stern.

Plötzlich, vorn an der Furt, eine Qín wird gestimmt:
Kühl hallt es durch die Zweige der Bäume herauf.
Als mein Ohr edle Töne des ersten Stückes vernimmt
Stehe ich rasch von meinem nächtlichen Lager auf.

Kerzen entzünd' ich, Haare und Hut in Ordnung gebracht;
Quellwasser kühlt mich, Schritte hinaus in die Nacht.

Gebannt hör' ich zu, geb' auf den nassen Boden nicht acht.
Ein leichter Wind bewegt den Aufschlag des Mantels sacht.

Die Augen ins Dunkel gerichtet, versunken in Meditation,
Und bewusst wird Bedeutung von jedem einzelnen Ton.

Ich habe für dreißig Jahre das Dào genau studiert:
Mein Sinnen über Tod und Leben ist noch immer mit Angst
                                        und Sorge gepaart;
Mich haben die Töne der Qín tief im Innern berührt
Und erschöpfend des Himmels, der Erde Sinn offenbart.

孟郊
聽琴

颯颯微雨收，翻翻桐葉鳴
月沉亂峰西，寥落三四星
前溪忽調琴，隔林寒琤琤
聞彈正弄聲，不敢枕上聽
回燭整頭簪，漱泉立中庭
定步屐齒深，貌禪目冥冥
微風吹衣襟，亦認宮徵聲
學道三十年，未免憂死生
聞彈一夜中，會盡天地情

CD track 07

Lǐ Qí
Qín-Lied

Der Herr hat heut' zur späten Abendstunde
Zu einem großen Festbankett gebeten.
Als Ehrengast ist in der edlen Runde
Ein Guǎnglíng-Meister auf der Qín vertreten.

Die Raben fliegen durch der Dämmrung Raum.
Der Mond versilbert Türme, Dächer, Mauern
Wie sternbedeckt erglitzert jeder Baum
Und draußen lässt ein kalter Wind erschauern.

Doch drinnen Wärme, Kupferofenglut
Und helles Licht verbreiten Blütenkerzen.
Vom Wasser singt die Qín, vom Lebensgut
Und singt vom Leiden edler Frauenherzen.

Beim ersten Ton schon Ruhe eingekehrt
Nur Saitenklang, sonst Stille weit und breit.
Die Gäste sitzen schweigend, ohne Worte
Die Sterne schwinden, hier steht still die Zeit.

Und jeder denkt an den Erlass des Kaisers
Den Gast befiehlt er fern in den Palast.
Und der beginnt die Tausend-Meilen-Reise
Durch jetzt bewölkte Berge, ohne Rast.

李頎
琴歌

主人有酒歡今夕，
請奏鳴琴廣陵客。
月照城頭烏半飛，
霜淒萬樹風入衣。
銅鑪華燭燭增輝，
初彈淥水後楚妃。
一聲已動物皆靜，
四座無言星欲稀。
清淮奉使千餘里，
敢告雲山從此始。

Cháng Jiàn
Ich hörte in einer Herbstnacht die Qín
Widme das Gedicht dem verehrten Meister Kòu

Hören muss man die Qín in herbstlichen Nächten:
Der Meister der Höhle ließ mich sein Spiel genießen.
Finger für Finger, nach seinen Regeln, den rechten,
Geistvoll erfüllt, Ton für Ton, längst erwiesen.

Heuschrecken nähern sich gar den steinernen Stufen.
Bis an die Lampe lockt sie der Klang, der Wind.
Wozu muss man nach Zhōng Zǐqīs Ohren rufen,
Wenn doch die eignen von Tönen der Qín begeistert sind.

常建
聽琴秋夜贈寇尊師

琴當秋夜聽，況是洞中人。
一指指應法，一聲聲爽神。
寒蟲臨砌急，清吹裛燈頻。
何必鐘期耳，高閒自可親。

Das Blatt vom Wútóng-Baum
Foto: Jürgen Liepe

Xú Lóngfēi
Hymne auf den Vogelsberg

Dunkel nur, des Duftes Ahnung
Schatten weich, von ersten Blütenträumen
Erster Frühlingsmondenschein.

Leerer Bergpfad, fast wie Mahnung
Bis die Wolkenschichten hoch ihn säumen.
Vögel singen, jubilieren, rein:

Schnell vergänglich, was Natur gelingen darf
Szenen, nur für hier und jetzt.

Nur was auf dem Wútóng-Holz man singen darf,
Auf den Seidensaiten umgesetzt
Soll bestehen, da es nie verklingen darf.

徐龍飛

暗香疏影月初春
山徑空凌橫亂雲
鳥聲啼過無痕跡
唯有琴歌伴琴心

CD track 9

Xú Lóngfēi
Beim Treffen der Freunde der Qín lauschen

Poetische Phantasie über 7 wichtige Stücke für die Gǔqín
1) Abschied am Sonnenpass
2) Au-Ai erklingt das Rudern
3) Die Möwen vergessen ihr Vertrauen
4) Guǎnglíngsǎn, oder Die Rache des Nièzhèng
5) Ein betrunkener Fischer besingt den Abend
6) Nächtliche Blumen am Fluss unterm Frühlingsmond
7) Zhuāngzi und der Traum vom Schmetterling

Der Sonnenpass fern wie die Weiden von Wèi,
Doch dreimal der Abschied melodisch geschichtet,
Und jedes Ohr lässt von Tönen sich rühren.

Das Rudern im Wasser, das Wogen der Wellen
Veredelt als Ton auf den sieben Saiten,
Vertieft des Wassers, der Wolken Glanz

Die Möwen am Himmel, gewarnt, sie spüren
Des Menschen Gier, sie als Spiel zu besitzen;
Hier lassen sie nah sich auf Wellen nieder.

Breit sind die Hügel der Gräber verstreut,
Doch Rache, in Töne gesetzt, ist vollendet
Und rührt stets zu Tränen, jetzt, wie einst.

Das Lied des Fischers, betrunken, am Abend
Klingt weiter, auch wenn noch längst nicht erwacht
Der Fluss im Frühling in mondheller Nacht.

Im Traum ein Schmetterling sein, oder
Der Schmetterling Mensch, der zweifelt und fragt,
Was Wirklichkeit sei, was Traum uns sagt.

Wer weiß schon genau, ob Seide und Holz
Nicht wirklich, wie wir, voll des Gefühls,
Des Herzens Verzaub'rung mit Schwingungen schafft.

Gefühle, im Schlagen der Saiten entstanden,
Sie klären, erneuern, und sie bewegen
Die Reinheit des Himmels, der Erde Kraft.

徐龍飛
七律·雅集聽琴，致何靜文

陽關折柳尚沈吟，
欸乃一聲水雲深。
鷗鷺忘機相逐下，
廣陵散成泣古今。
醉漁未醒江心月，
蛺蝶曾尋夢中人。
誰道無情絲與木，
指間撥灑動乾坤。

2004年6月11日於北京大學治貝子園

CD track 10, nur chinesisch

Xú Lóngfēi
Einsame Orchidee, Widmung West-östlich

Eine „Einsame Orchidee" – erscheint resigniert,
Eine Blüte erstrahlt stolz über schlichtem Gras
– Besonderes also blüht über dem Mittelmaß –
Das hat Konfuzius zur ersten Komposition inspiriert.

Naht sich ein Phönix, schweigen die Vögel weit und breit
Stärker noch können die Farben des Frühlings prahlen
Wenn sie vom Glanz weißer Wolken heller erstrahlen
So sei den Weisen Verehrung stets zu jeglicher Zeit.

Lebens- und Gingko-Blatts Zweiheit hatten sie schon erkannt
Zweiheit der Einheit verehrt im Östlichen-westlichen Land
Ihre Gärten dürfen Blumen und Früchte der Mitte der Welt
                          verzieren.

Lachen war ihnen selbst in stürmischer Zeit Medizin.
Mehr noch, die Weisen zog es zu stillen Tönen hin:
Die nur erklingen, wenn Seide und Wútóng der Qín
                          harmonieren.

徐龍飛

七律・幽蘭，祝曼大墨君生日快樂

仲尼昔日作幽蘭，
花萼相輝深谷間。
有鳳來儀山鳥靜，
無邊春色白雲閑。
最喜前賢誇銀杏，
還將瓜豆栽滿園。
人生笑對風和雨，
更聽今日撫絲弦。

CD track 11

Illustration der Rachefabel, die dem Qín-Stück Guǎnglíngsǎn zugrunde liegt: Nièzhèng verübt ein Attentat auf den König von Hán. Steinabreibung von einer Grabplatte aus dem Tempel des Wu Liang, 147 n. Chr.

Fāng Chūnyáng
Widmung

Selten noch spielt man den „Sonnenfrühling"
Selten ist „Weißer Schnee" erklungen
Manches Geheimnis in ihnen verborgen
Altes wird heute selten besungen.

Seide der Saiten – Holz der Platane –
Töne von fern, der Natur entsprungen.
Ausgestorben fast „Guǎnglíngsǎn"
Wer das noch spielt, wer sich durchgerungen,

Scheint mir fast tugendhaft und weise,
Lob durch die Zeiten sei ihm gesungen!

方春陽
白雪陽春秘不傳，
絲桐韻遠出天然。
廣陵絶響今誰嗣？
萬古風流屬德賢！

Lǐ Tàibó
Zum Qín-Stück „Mond über dem Passberg"

Es steigt der helle Mond am Tiānshān auf
Heraus aus unermesslich weitem Wolkenmeer
Es bläst ein Wind aus abertausend Meilen
Bläst übern Pass des Jadetors hierher
Hier, in Báidēng, da wohnten einst die Hàn-Chinesen
Jetzt spionieren Fremde Qīnghǎis Pfade aus
Von jeher ist das Kriegsschauplatz gewesen
Von hier kehrt keiner mehr zurück nach Haus
Doch, hoffend, schaun die Grenzsoldaten diese
Mondnachtszene
An Heimkehr denken sie und an manch trauriges Gesicht
Das fern vergießt so manche Sehnsuchtsträne
Nur Seufzer hört man, hier wie dort,
Die enden nicht.

李太白
關山月

明月出天山，蒼茫雲海間。
長風幾萬里，吹度玉門關。
漢下白登道，胡窺青海灣。
由來征戰地，不見有人還。
戍客望邊色，思歸多苦顏。
高樓當此夜，嘆息未應閑。

CD track 12

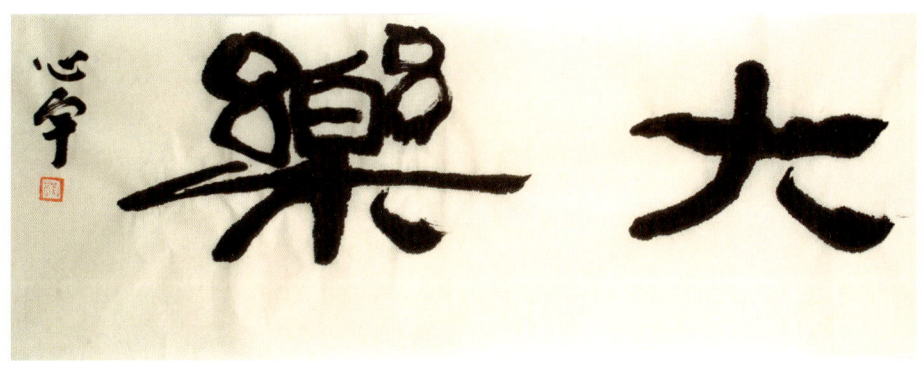

大樂 dà yuè, große Musik
Kalligraphie, für diesen Band geschrieben
von Liú Xīnyǔ 劉心宇 im Februar 2007

Das Lamento der Wáng Zhāojūn 王昭君
In den Klauen des Nördlichen Drachen
Die Untertitel des Qín-Stücks Lóngshuò Cāo

Vom Kaiser getrennt – ganz erfüllt von Schmerzen
Nur lange Seufzer, die Hand auf dem Herzen.

Verdeckt meine Tränen – fern vom Palast
Aus der Stadt vertrieben – hinaus ohne Rast.

Teuer bezahlt: mit Gefangnen in Scharen
Erkaufter Frieden, mit dem Hàn jetzt prahlt.

Tränen der Trennung, sie perlen in Paaren
Kein Wort mehr, das Tiefe der Trauer malt.

Zehntausend Meilen weit, wir fahren
Durch Wüste und Sand, kein Licht erstrahlt.

Flöten ertönen, Musik der Barbaren
Mit unüberwindbaren Leiden bezahlt.

Lärmende Lieder der Hunnen in Chören
Schaf- und Ziegengestank – fern edler Düfte.

Mein Weinen und Klagen zerreißt die Lüfte
O! wär es doch bis in die Heimat zu hören.

龍朔操

含恨別君撫心長嘆
掩涕出宮遠辭漢闕
結好醜虜以安漢室
別淚雙垂無言自痛
萬里長驅重陰漠漠
夜聞胡笳不勝悽惻
明妃痛哭群胡眾歌
日對腥羶愁填塞漢

Lange Klarheit
Die Untertitel des Qín-Stücks Cháng Qīng

Klares Qì der Erde entströmt
Rein nur in Winterszeit
Auf steigts zum Morgenfirmament
Schneebewölkt, weit und breit.

Eiskristalle und wirbelnde Flocken
Fallend in Harmonie
Hart und weich - Yīn und Yáng - vollendet
Der Erde, des Himmels Qì.

Schneeüberzogen die fernen Berge
Der Fluss ein Kristall aus Eis
Nur eine Farbe dem Auge geboten
Ein sternisch schimmerndes Weiß.

Klänge in Kāifēngs Kaisergarten
Nur älteste Melodien
Klar wie der Berg, rein wie der Fluss
Konturen, wie Pinsel sie ziehen.

Mildes Wehen, südlicher Wind
Schnee schmilzt am Ufer, im Tal.
Rinnsale, Tausende, überall
Jetzt, da der Frühling beginnt.

長清

乾坤清氣
雪天清曉
雪霰交飛
山河一色
日麗中天
風鼓瓊林
江山如畫
雪消崖谷
萬壑回春

Wind und Donner

Einstimmungen zu dem Qín-Stück Fēng Léi Yǐn,
nach Konfuzius, Lúnyǔ 10.16 und nach dem Buch der
Wandlungen, Yì Jīng, Kommentar zu Hexagramm 16

Das Grollen des Donners
Das Wehen des Windes
Ist Sprache der Ahnen
Ist Lachen des Himmels
Ist tönendes Mahnen
Der Erde entströmender Klang

Für Trommeln und Pauken
Erwählten die Weisen
Als Vorbild den Donner
Die Ahnen zu ehren
Den Himmel zu preisen
Um Gunst zu gewähren
Dem Menschen mit Urgesang

徐龍飛
七律・風雷引

悄然壁立日日新，
絶響橫陳閲古今。
指上輕雷春色動，
絲中清氣鶴聲吟。
天風獵獵雲飄袂，
古聖諄諄語沁心。
君子從來親萬物，
而今更愛一張琴。

CD track 15

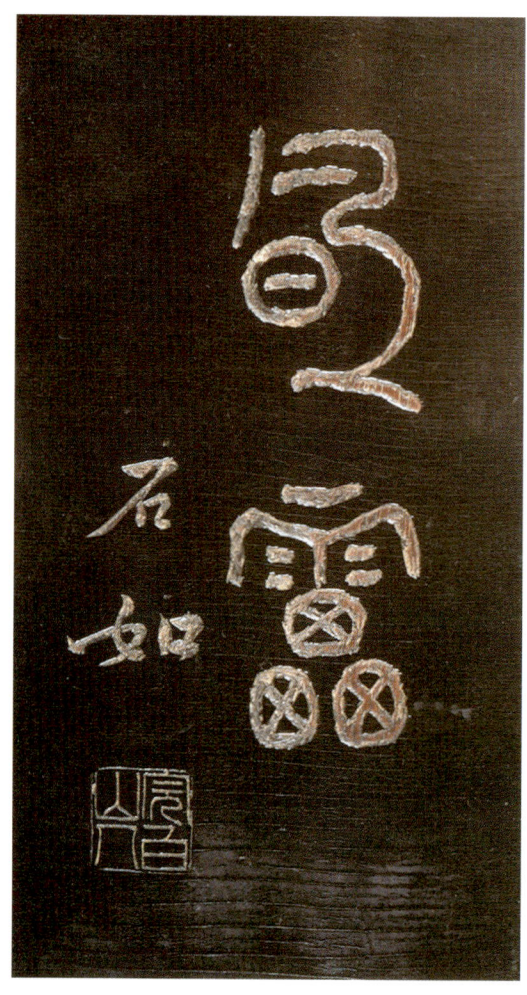

Wind und Donner (fēngléi 風雷). Name einer míng-
zeitlichen Qín. Aus: Kunstkollektion für chinesi-
sche Qín. (Zhōngguó gǔqín zhēncuì 中國古琴珍萃),
Běijīng: Zǐjìnchéng chūbǎnshè, 1998, S. 150

Aus dem Buch der Lieder

Shī Jīng 詩經

Buch der Lieder Nr. 6
Pfirsich im Jahreskreis – Vom Mädchen zur Frau

Junge zarte Pfirsichbäume
Rosa strahlt der Blüten Keim
Mädchen ist bereit zur Ehe
Wie sich's ziemt, hat Haus und Heim

Junge zarte Pfirsichbäume
Rund schon schaun die Früchte aus
Mädchen ist bereit zur Ehe
Wie sich's ziemt, hat Heim und Haus

Junge zarte Pfirsichbäume
Frucht schon reif, belaubt die Äste
Mädchen ist bereit zur Ehe
Wie sich's ziemt, hat Heim und Gäste.

詩經
桃夭

桃之夭夭，灼灼其華。
之子于歸，宜其室家。

桃之夭夭，有蕡其實。
之子于歸，宜其家室。

桃之夭夭，其葉蓁蓁。
之子于歸，宜其家人。

Mandarinenten, Symbol der Treue. Aus: Zhōngguó xìqǔ fúzhuāng tú'àn
中國戲曲服裝圖案 [Muster chinesischer Opernkostüme], Peking 1957.

Buch der Lieder Nr. 48
Die drei Schönen des verliebten Erntehelfers von Mèi

Wo wird zum Pflücken noch Heilkraut stehn?
In der Nähe von Mèi hab ich welches gesehn!
Sag mir, wohin die Gedanken dir wandern?
Zur Großen von Jiāng. Sie ist wunderschön!

Sie hat mich erwartet im grünenden Maulbeerbaumhain:
Ich hab sie besucht, sie ließ mich sogar in die Kammer hinein
Und begleitete mich schon ganz allein bis zum Damm des Flusses Qí.

Wo wird zum Ernten noch Weizen stehn?
Im Norden von Mèi hab ich welchen gesehn!
Sag mir, wohin die Gedanken dir wandern?
Zur Großen von Yì. Sie ist wunderschön!

Sie hat mich erwartet im grünenden Maulbeerbaumhain:
Ich hab sie besucht, sie ließ mich sogar in die Kammer hinein
Und begleitete mich schon ganz allein bis zum Damm des Flusses Qí.

Wo werden zum Ziehen noch Rüben stehn?
Im Osten von Mèi hab ich welche gesehn!
Sag mir, wohin die Gedanken dir wandern?
Zur Großen von Yōng. Sie ist wunderschön!

Sie hat mich erwartet im grünenden Maulbeerbaumhain:
Ich hab sie besucht, sie ließ mich sogar in die Kammer hinein
Und begleitete mich schon ganz allein bis zum Damm des Flusses Qí.

詩經
桑中

爰采唐矣，沫之鄉矣，
云誰之思？美孟姜矣。
期我乎桑中，要我乎上宮，送我乎淇之上矣。
爰采麥矣，沫之北矣，
云誰之思？美孟弋矣。
期我乎桑中，要我乎上宮，送我乎淇之上矣　。
爰采葑矣，沫之東矣，
云誰之思？美孟庸矣。
期我乎桑中，要我乎上宮，送我乎淇之上矣。

CD track 16

Buch der Lieder Nr. 63
Yīn-Yáng Metamorphose

Wünsche eines armen Mädchens

Es schleicht allein ein Fuchs umher,
Bei der Brücke des Flusses Qí.
Mein Herz ist traurig! Mein Herz ist schwer!
Schöne Kleider besaß sie nie.

Es schleicht allein ein Fuchs umher,
Am Ufer des Flusses Qí.
Mein Herz ist traurig! Mein Herz ist schwer!
Schöne Gürtel besaß sie nie!

Es schleicht allein ein Fuchs umher,
An der Seite des Flusses Qí.
Mein Herz ist traurig! Mein Herz ist schwer!
Schöne Mäntel besaß sie nie!

Besorgte Ehefrau

Es schleicht allein ein Fuchs umher,
Bei der Brücke des Flusses Qí.
Mein Herz ist traurig! Mein Herz ist schwer!
Gute Kleider besaß er nie.

Es schleicht allein ein Fuchs umher,
Am Ufer des Flusses Qí.
Mein Herz ist traurig! Mein Herz ist schwer!
Starke Gürtel besaß er nie!

Es schleicht allein ein Fuchs umher,
An der Seite des Flusses Qí.
Mein Herz ist traurig! Mein Herz ist schwer!
Warme Mäntel besaß er nie!

詩經
有狐

有狐綏綏，在彼淇梁。
心之憂矣，之子無裳！

有狐綏綏，在彼淇厲。
心之憂矣，之子無帶！

有狐綏綏，在彼淇側。
心之憂矣，之子無服！

Buch der Lieder Nr. 133
Lied eines einsamen optimistischen Liebhabers am Fluss

Fluss mit Nebenarm!
     Mädchen geht zur Ehe!
Nimmt zum Mann nicht mich?
Nimmt zum Mann nicht mich!
     Bereuen wird sie's bitterlich!

Fluss mit Insel, einsam!
     Mädchen geht zur Ehe!
Jetzt bleib ich allein?
Jetzt bleib ich allein!
     Später wird sie einsam sein!

Fluss mit Sandbank, flach!
     Mädchen geht zur Ehe!
Kommt zu mir doch wieder?
Kommt zu mir doch wieder!
     Seufzen meine Lieder!

詩經
江有汜

江有汜，之子歸，不我以。
不我以，其後也悔。

江有渚，之子歸，不我與。
不我與，其後也處。

江有沱，之子歸，不我過。
不我過，其嘯也歌。

66

Gelbe klebrige Hirse, (huáng liáng mǐ 黃粱米),
Ausschnitt. Aus: Edoardo Fazzioli, Des Kaisers
Apotheke. Die altchinesische Kunst, mit Pflanzen
zu heilen. Gustav Lübbe Verlag, Mailand, Bergisch
Gladbach, 1989, S. 141.

Buch der Lieder Nr. 65

Schreitgesang eines Trauernden, der den Kopf hängen lässt, im
Anblick des Jahreslaufs eines Getreideackers.

Sieh die hängenden Hirserispen!
Grün sprosst schon das Getreide empor.
>> Langsames Schreiten! Stilles Gehen!
>> Mein banges Herz kann keiner sehen;

Refrain:
Nur die mich kennen, sagen, mein Herz sei voll Kummer.
Die mich nicht kennen, die fremd mir,
Fragen sich immer, was ich hier suche.
Blauer Himmel, dich rufe ich an!
Wer hat dies alles an uns getan?

Sieh die hängenden Hirserispen!
Jetzt schon die wachsenden Ähren des Feldes.
>> Langsames Schreiten! Stilles Gehen!
>> Betäubt, fast trunken, mein Herz will vergehen.

Refrain:
Nur die mich kennen, sagen, mein Herz sei voll Kummer.
Die mich nicht kennen, die fremd mir,
Fragen sich immer, was ich hier suche.
Blauer Himmel, dich rufe ich an!
Wer hat dies alles an uns getan?

Sieh die hängenden Hirserispen!
Hier jetzt schon Körner, gelb und reif.
     Langsames Schreiten! Stilles Gehen.
     Atemnot fühl ich, mein Herz bleibt stehen.

Refrain:
Nur die mich kennen, sagen, mein Herz sei voll Kummer.
Die mich nicht kennen, die fremd mir,
Fragen sich immer, was ich hier suche.
Blauer Himmel, dich rufe ich an!
Wer hat dies alles an uns getan?

詩經
黍離

彼黍離離，彼稷之苗。
行邁靡靡，中心搖搖。
知我者，謂我心憂；不知我者，謂我何求。
悠悠蒼天，此何人哉！

彼黍離離，彼稷之穗。
行邁靡靡，中心如醉。
知我者，謂我心憂；不知我者，謂我何求。
悠悠蒼天，此何人哉！

彼黍離離，彼稷之實。
行邁靡靡，中心如噎。
知我者，謂我心憂；不知我者，謂我何求。
悠悠蒼天，此何人哉！　　　　　CD track 17

69

Buch der Lieder Nr. 68
Was der Mensch zusammenbündelt – kann Natur nicht trennen

Weiter wogt das Wasser:
Gebündeltes Brennholz treibt es nicht fort

Mein Mädchen lebt am fernen Ort,
Ist heut nicht hier – auf der Wache in Shēn mit mir.

Sehnsucht erfasst mich! Sehnsucht erfasst mich!
Wann naht sich endlich der Mond meiner Rückkehr zu ihr.

Weiter wogt das Wasser:
Gebündeltes Reisig treibt es nicht fort

Mein Mädchen lebt am fernen Ort,
Ist heut nicht hier – auf der Wache in Fŭ mit mir.

Sehnsucht erfasst mich! Sehnsucht erfasst mich!
Wann naht sich endlich der Mond meiner Rückkehr zu ihr.

Weiter wogt das Wasser:
Gebündelte Binsen treibt es nicht fort

Mein Mädchen lebt am fernen Ort,
Ist heut nicht hier – auf der Wache in Xŭ mit mir.

Sehnsucht erfasst mich! Sehnsucht erfasst mich!
Wann naht sich endlich der Mond meiner Rückkehr zu ihr.

詩經
揚之水

揚之水，不流束薪。
彼其之子，不與我戍申。
懷哉懷哉，曷月予還歸哉！

揚之水，不流束楚。
彼其之子，不與我戍甫。
懷哉懷哉，曷月予還歸哉！

揚之水，不流束蒲。
彼其之子，不與我戍許。
懷哉懷哉，曷月予還歸哉！

Buch der Lieder Nr. 125
Rondo eines Erntehelfers auf die Schwätzer

Pflücke das Sumpfgras! Pflücke das Sumpfgras,
Dort auf dem Gipfel des Sonnenkopfberges.

    Wenn dir einer zuviel redet
    Solltest niemals du ihm trauen.
        Lass ihn stehen!
        Stehen lass ihn!
    Niemals darfst du Recht ihm geben,
    Wenn dir einer zuviel redet:
            So erreicht er nichts!

Pflücke das Bittergras! Pflücke das Bittergras,
Dort am Fuße des Sonnenkopfberges.

    Wenn dir einer zuviel redet
    Solltest niemals du ihm glauben.
        Lass ihn stehen!
        Stehen lass ihn!
    Niemals darfst du Recht ihm geben,
    Wenn dir einer zuviel redet:
            So erreicht er nichts!

Ernte die Rüben! Ernte die Rüben,
Dort im Osten des Sonnenkopfberges.

Wenn dir einer zuviel redet
Solltest niemals du ihm folgen.
Lass ihn stehen!
Stehen lass ihn!
Niemals darfst du Recht ihm geben,
Wenn dir einer zuviel redet:
So erreicht er nichts!

詩經
采苓

采苓采苓，首陽之巔。人之爲言，茍亦無信。
舍旃舍旃，茍亦無然。人之爲言，胡得焉？

采苦采苦，首陽之下。人之爲言，茍亦無與。
舍旃舍旃，茍亦無然。人之爲言，胡得焉？

采葑采葑，首陽之東。人之爲言，茍亦無從。
舍旃舍旃，茍亦無然。人之爲言，胡得焉？

CD track 18

Buch der Lieder Nr. 139
Sänger, Poet und Liebhaber am Osttor

An des Osttors tiefem Graben
Lässt heute den Hanf sie weichen!
Dieses Mädchen möchtest du haben,
So gib ihr singend ein Zeichen.

An des Osttors tiefem Graben
Lässt heute die Jute sie weichen!
Dieses Mädchen möchtest du haben,
Mit Worten kannst du sie erreichen.

An des Osttors tiefem Graben
Lässt heute das Riedgras sie weichen!
Dieses Mädchen möchtest du haben,
Gedichte sollen ihr gleichen.

詩經
東門之池

東門之池，可以漚麻；彼美淑姬，可與晤歌。
東門之池，可以漚紵；彼美淑姬，可與晤語。
東門之池，可以漚菅；彼美淑姬，可與晤言。

Bemalte Tonfiguren von Musikern und Tänzern, Hàn-Dynastie, Provinz Museum Hénán. Aus: Imperial Tombs of China, Katalog zur Ausstellung, Published by Lithograph Publishing Company, a division of Lithograph Printing Company, Wonders, Memphis, Tennessee, 1995, S. 105

Buch der Lieder Nr. 175

Einen roten Bogen unbespannt
Den hat er erhalten und aufgestellt
Mein Gast ist hoher Ehren wert
Von ganzem Herzen beschenkte ich ihn
Glocken und Trommeln sind schon bereit
Ihn einen Morgen lang zu feiern

Einen roten Bogen unbespannt
Den hat er erhalten und wohl verwahrt
Mein Gast ist hoher Ehren wert
Aus ganzem Herzen möchte ich ihn erfreuen
Glocken und Trommeln sind schon bereit
Ihn einen Morgen zu unterhalten

Einen roten Bogen unbespannt
Den hat er erhalten und sicher verschlossen
Mein Gast ist hoher Ehren wert
Aus ganzem Herzen liebe ich ihn
Glocken und Trommeln sind schon bereit
Und er wird diesen Morgen festlich bewirtet

詩經
彤弓

彤弓弨兮，受言藏之。
我有嘉賓，中心貺之。
鐘鼓既設，一朝饗之。

彤弓弨兮，受言載之。
我有嘉賓，中心喜之。
鐘鼓既設，一朝右之。

彤弓弨兮，受言櫜之。
我有嘉賓，中心好之。
鐘鼓既設，一朝酬之。

Buch der Lieder Nr. 182
Erwartung

S'ist Nacht? Nur eine wacht?
Noch scheint nicht Mitternacht.
Der Hof steht ganz
Im Fackelglanz.
Mein Liebster kehrt zurück.
Dann künden Pferdeglocken Glück!

S'ist Nacht? Der Tag noch weit?
Nur Nacht und Dunkelheit.
Der Hof allein
Im Fackelschein.
Mein Liebster kehrt zurück.
Der Glöckchen Klang bringt mir das Glück.

S'ist Nacht? Der Tag erwacht?
Das Licht vertreibt die Nacht.
S'ist hell vor'm Haus
Die Fackel aus!
Mein Liebster kehrt zurück.
Sein Banner seh ich, welch ein Glück.

詩經
庭燎

夜如何其？
夜未央，庭燎之光。
君子至止，鸞聲將將。

夜如何其？
夜未艾，庭燎晰晰。
君子至止，鸞聲噦噦。

夜如何其？
夜鄉晨，庭燎有輝。
君子至止，言觀其旂。

Gāo Fènghàn 高鳳翰 (1683-1749): Studio im Schatten des Wútóng-Baumes. Album, Tusche und leichte Farben auf Papier, China, 1736, Inv.Nr. 5310 (Blatt 7). Staatliche Museen zu Berlin. Stiftung Preußischer Kulturbesitz. Museum für Asiatische Kunst. Ostasiatische Kunstsammlung. Foto: Jürgen Liepe

Buch der Lieder Nr. 206

Versuch nicht, einen großen Wagen vor Dir herzudrücken
Du wirbelst doch nur Staub auf über Dir
Lad Dir nicht Deine hundert Ängste auf den Rücken
Das macht Dich krank, Du bist unglücklich hier

Versuch nicht, einen großen Wagen vor Dir herzudrücken
Der Staub lässt Deine Augen doch erblinden
Lad Dir nicht Deine hundert Ängste auf den Rücken
Denn Unvollkommenheit wird nie verschwinden

Versuch nicht, einen großen Wagen vor Dir herzudrücken
Dann wirst Du nur des Staubes dunkle Wolken sehen
Lad Dir nicht Deine hundert Ängste auf den Rücken
Das macht Dich schwer – und Du wirst untergehen

詩經
無將大車

無將大車，祇自塵兮！無思百憂，祇自疧兮！
無將大車，維塵冥冥；無思百憂，不出于頲。
無將大車，維塵雝兮！無思百憂，祇自重兮！

CD track 19

Buch der Lieder Nr. 208

Man schlägt die Glocken, sie schwingen und schwingen.
Die Wasser vom Huái-Fluss, sie fließen und fließen.
 Mein Herz ist traurig und tief verwundet:
 Der tugendhafte Mann, der Edle!
 Ich werde ihn wahrlich nie vergessen.

Man schlägt die Glocken, sie klingen und klingen.
Die Wasser vom Huái-Fluss, sie strömen und strömen.
 Mein Herz ist traurig und kummervoll:
 Der tugendhafte Mann, der Edle!
 Seine Tugend war ohne Makel so rein.

Man schlägt die Glocken, schlägt große Trommeln.
Drei Inseln gibt es im Huái-Fluss dort.
 Mein Herz ist traurig und tief bewegt:
 Der tugendhafte Mann, der Edle!
 Seine Tugend, sie war so unvergleichbar.

Man schlägt die Glocken, sie tönen und tönen.
Man schlägt die Lauten, schlägt Wölbbrettzithern.
 Gemeinsam erklingen Mundorgeln, Klingstein
 Zu den Oden von Yă, den Liedern vom Süden,
 Zu dem ausgeglichenen Flötentanz.

詩經
鼓鍾

鼓鍾將將，淮水湯湯，憂心且傷。
淑人君子，懷允不忘。

鼓鍾喈喈，淮水湝湝，憂心且悲。
淑人君子，其德不回。

鼓鍾伐鼛，淮有三洲，憂心且妯。
淑人君子，其德不猶。

鼓鍾欽欽，鼓瑟鼓琴，笙磬同音。
以雅以南，以籥不僭。

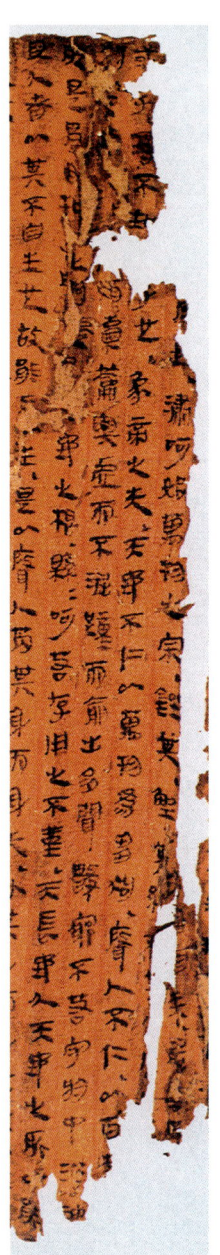

Lǎo Zi 老子, Kap. 5, auf
Seide geschrieben in alter
Kanzleischrift (lìshǔ 隸書).
Aus: „The Cultural Relics
Unearthed From the Han
Tombs at Mawangdui"
(Mǎwángduī hànmù
wénwù 馬王堆漢墓文物),
Chángshā: Húnán chū-
bǎnshè, 1992: 128.

Lǎozi, Dào Dé Jīng, aus Nr. 5

Menschliches nicht besitzen Himmel und Erde
Strohpuppen sind ihnen all die Dinge der Welt
Menschliches nicht besitzen die weisen Männer
Denn für Strohpuppen halten sie das gemeine Volk

All dieser leere Raum zwischen Himmel und Erde
Gleicht der nicht klingendem Luftraum der Flöte
Leer ist er zwar, doch unerschöpflich
Voll Bewegung, schöpferisch
Viel Reden jedoch bringt viel Erschöpfung
Die Stille zu wahren im Innern ist besser

老子道德經
第五章

天地不仁，以萬物爲芻狗；
聖人不仁，以百姓爲芻狗。
天地之間，其猶橐籥乎？
虛而不屈，動而愈出。
多言數窮，不如守中。

Lǎozi, Dào Dé Jīng, aus Nr. 8

Es gleicht dem Wasser jenes Menschen Seele
der kampflos herrscht
Beherrscht voll höchster Güte
Des Wassers Güte herrscht in allen Dingen
Beherrscht sie kampflos
Führt sie sanft zur Güte
Und weil das Wasser stets an Orten weilt
Die alle Menschen hoch und tief nicht lieben
Ist auch das Dào im Feuchten stets geblieben
Wo es das Fließen nahe mit ihm teilt
Nur einer der in aller Sanftheit kampflos wirkt
kann gütevoll nichts Schlechtes Böses ahnen

老子道德經
第八章

上善若水。
水善利萬物而不爭，
處眾人之所惡，故幾於道。
居善地，心善淵，
與善仁，言善信，
政善治，事善能，
動善時。
夫唯不爭，故無尤。

Lăozi, Dào Dé Jīng Nr. 12

Blind wird ein Auge durch ein Zuviel an der Pracht der 5 Farben
Taub wird ein Ohr durch ein Zuviel an Musik der 5 Töne
Geschmacklos der Mund durch die Vielfalt der 5 Gewürze
Toll wird das Herz und das Hirn durch Rennen und
Hetzen und Jagen
Wirr alles Tun, will man nur seltene Waren nach Hause tragen
Also der Weise
Für das Innen sucht er und sorgt
Nicht für das Außen
Dies lehnt er ab, und jenes ergreift er für sich

老子道德經
第十二章

五色令人目盲，
五音令人耳聾，
五味令人口爽，
馳騁田獵，令人心發狂，
難得之貨，令人行妨。
是以聖人爲腹，不爲目。
故去彼取此。

Lǎozi, Dào Dé Jīng Nr. 14

Etwas erblicken wollen, doch es nicht sehen, heißt farblos, klein.

Nach etwas horchen, doch es nicht hören wollen, heißt tonlos, still.

Etwas ergreifen, doch es nicht fühlen, heißt formlos, winzig.

Drei Dinge unerfragbar, sind zu einem geworden,

trotz Unterschiedlichkeit.

Dessen Oben erstrahlt nicht voll Glanz, dessen Unten

liegt nicht im Dunkeln.

Lang wie ein Seil kann man es nicht nennen.

Es kehrt wieder zurück zur Dinglosigkeit.

Das nennt man die Gestalt des Gestaltlosen.

Ein Abbild der Dinglosigkeit nennt man dunkel, konfus.

Geht man ihm entgegen, sieht man nicht den Kopf.

Folgt man ihm, sieht man nicht sein Hinten.

Besitzt man das Dào der alten Zeit um das Sein der Gegenwart

zu lenken,

Dann vermag man den Beginn der alten Zeit zu kennen.

Dies ist der Leitfaden des Dào.

老子道德經
第十四章

視之不見名曰夷，
聽之不聞名曰希，
搏之不得名曰微。
此三者不可致詰，故混而爲一。
其上不皦，其下不昧，
繩繩不可名，復歸於無物。
是謂無狀之狀，無物之象，是謂忽恍。
迎之不見其首，隨之不見其後，
執古之道，以御今之有，
以知古始，是謂道紀。

老子道德經
第二十五章

有物混成，先天地生。
寂兮寥兮，獨立而不改，
周行而不殆，可以爲天下母，
吾不知其名，字之曰道。強爲之名曰大。
大曰逝，逝曰遠，遠曰反。
故道大、天大、地大，人亦大。
域中有四大，而人居其一焉。
人法地，地法天，天法道，道法自然。

Lǎozi, Dào Dé Jīng Nr. 25

Ein
Wesen
Gibt es – aus
Urstoff gebildet – vor
Himmel und Erde entstanden
Klanglos unhörbar – Formlos unsichtbar
Nie sich verändernd – Einzigartig stehend
Nie sich erschöpfend – Im Kreise sich drehend
Man kann es halten für die Mutter der Welt

Ich weiß nicht seinen Namen
Nenn es mit Nebennamen
Dào
Doch wollte man um einen Namen sich mühen
So heiße dies Wesen
Groß
Großes nenn ich   Was sich bewegt
Bewegtes nenn ich   Was sich entfernt
Entferntes nenn ich   Was wiederkehrt

Wahrlich das Dào ist groß   Der Himmel ist groß
Die Erde ist groß   Und auch der Mensch ist groß

Vier Größen also existieren
Innerhalb unsres begrenzten Raumes
Und der Mensch ist eine von Vieren

Des Menschen Vorbild ist die Erde
Der Erde Vorbild ist der Himmel
Des Himmels Vorbild ist das Dào

Das Vorbild des Dào jedoch
Ist die ihm eigene Natur
Die aus sich selbst
So ist wie
Sie
Ist

Lǎozi, Dào Dé Jīng Nr. 32

Ewig ist es, das Dào in seinen namenlosen Atomen
Winzig ist es, doch als Untertan hält es sich keiner
Leicht könnten Fürsten und Könige es sich bewahren
Und als Gast wären um sie alle Dinge der Welt
Himmel und Erde vereinten sich dann
Und süßer Tau uns geschenkt
Ausgeglichen wäre das Volk, das keine Befehle lenkt
Erst ist die Tat, dann folgt ihr Name
Damit nähern wir uns der Tat, werden der Grenzen uns klar
Grenzen erkennen jedoch bedeutet, sich der Gefahr entziehen
So verhält sich das Ewige Dào, das unter dem Himmel fließt
wie ein Bach im Tal, der sich in Fluss und Ozean ergießt

老子道德經
第三十二章

道常無名。
樸雖小，天下莫能臣也。
候王若能守之，萬物將自賓。
天地相合，以降甘露，
民莫之令而自均。
始制有名，
名亦既有，夫亦將知止。
知止可以不殆。
譬道之在天下，猶川谷之於江海。

CD track 21

92

Lǎozi, Dào Dé Jīng Nr. 40

Im Immer Wiederkehren liegt das Dào – Bewegung.
In zarter Schwachheit liegt das Dào – Gebrauch.
Aus dem Sein erwachsen alle Dinge dieser Welt.
So wie das Sein dem Nichts entwuchs, dem Hauch.

老子道德經
第四十章

反者道之動，弱者道之用。
天下萬物生於有，有生於無。

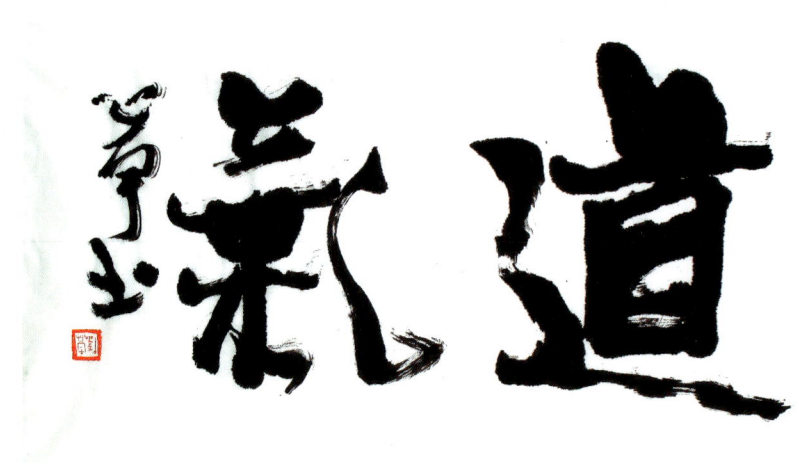

道氣 dào qì, Das Qì des Dào
von Liú Xīnyǔ 劉心宇 im Februar 2007 für diesen Band geschrieben

Lǎozi, Dào Dé Jīng, aus Nr. 42

Aus dem Dào wird die Eins geboren,
Aus der Eins wird die Zwei geboren,
Und aus der Zwei die Drei.
Aus der Drei werden geboren alle zehntausend Dinge.
Und diese zehntausend Dinge tragen auf ihrem
Rücken das dunkle Yīn
Und halten in ihren Armen das lichte Yáng
Und die strömende Kraft des Qì verleiht ihnen Harmonie.

老子道德經
第四十二章

道生一，一生二，二生三，三生萬物。
萬物負陰而抱陽，沖氣以爲和。

Lǎozi, Dào Dé Jīng Nr. 45

Als unvollendet erscheine das hoch Vollendete
Dann wird es das unerschöpflich Verwendete
Als leer erscheine, was ganz erfüllt
In Unerschöpflichkeit ist es dann erst gehüllt
Das große Grade erscheine wie krumm
Der große Könner erscheine wie dumm
Der große Redner erscheine wie stumm
Stille besiegt das Lärmen
Kälte besiegst du durch Erwärmen
Klarheit und Stille vorangestellt, das sei stets
Das Richtmaß der Welt.

老子道德經
第四十五章

大成若缺，其用不弊；
大盈若沖，其用不窮。
大直若屈，大巧若拙，大辯若訥。
躁勝寒，靜則熱，清靜爲天下正。

Lǎozi, Dào Dé Jīng Nr. 48

Um des Lernens willen steigere dich, täglich mehr und mehr,
Um des Dào willen lasse los, täglich mehr und mehr,
Loslassen und noch einmal loslassen,
Damit erreichst du deine Taten, unerzwungen.
Denn durch unerzwungene Taten bleibt nichts ungetan.

Nur ohne hetzende Eile kannst du begreifen,
meistern, deine Welt.
Denn die in hetzender Eile ihre Taten erzwingen,
meistern, begreifen sie nie, ihre Welt.

老子道德經
第四十八章

爲學日益，爲道日損。
損之又損，以至於無爲，
無爲而無不爲。
取天下常以無事，
及其有事，不足以取天下。

Lǎozi, Dào Dé Jīng, aus Nr. 78

Weicheres, Schwächeres wirst Du nicht schauen
Auf dieser Welt, als die Wasser, die Blauen.
Doch wirst Du nichts finden, was härter als sie,
Selbst das Härteste, Stärkste widersteht ihnen nie.

Sie scheinen still an ihren Rändern zu liegen,
Sie brauchen sich nicht zu verändern, verbiegen.
Dass ein Tropfen den Stein höhlt, ist alter Rat:
Alle wissen's doch keiner setzt's um in die Tat.

老子道德經
第七十八章

天下莫柔弱於水，而攻堅強者莫之能勝，
以其無以易之。
弱之勝強，柔之勝剛，天下莫不知，莫能行。

CD track 23

Yǎngshēng

Das Leben nähren und pflegen

Himmel und Erde

Ewig währt der Himmel
Die Erde ewig
Alles wendet sich wieder

Zurück
tief
in
die
Tiefe

Zur Wurzel zurück

Wird wieder geboren
Befehle des Lebens erfüllend

天長地久・歸根腹命。已卯夏・任法融書
tiān cháng dì jiǔ, guī gēn fù mìng
Kalligraphie (70 x 140 cm) von Rén Fǎróng 任法融,
Vorsitzender der Daoistischen Gesellschaft Chinas, 1999.
Geschenk von Qiū Xìndé 邱信德, Báiyúnguàn, Běijīng

100

Bái Jūyì
Dem Geschmack des Dào nachsinnen

Herbstlich still der Hof am frühen Morgen,
Zähneklappern fördert Lebensgeister;
Wachgeworden steh' ich auf.

Räucherstäbchen lass' ich abends glimmen,
Wart' auf nächtlich Dunkel vor dem Fenster,
Stille! Nach des Tages Lauf.

Sieben Bände „Wahrer Weisung" las ich,
Viel begreif ich von Unsterblichkeit.
Las die „Sutren-Schrift auf Sandelholz";
Fühle mich für Buddhas Geist bereit.

Und so kann ich heute sicher sagen,
Vieles, was ich tat, ist nicht gelungen.
Viel zu oft lass ich es noch geschehen,
Dass der Staub der Welt zu mir gedrungen.

Nein, ich mag nicht, wie ich mich verhalte;
Denn zu unvollkommen ist mein Wesen.
Liebe nur noch meiner Qín zu lauschen,
Liebe, meine Verse laut zu lesen.

白居易
味道

叩齒晨興秋院靜，焚香冥坐晚窗深。
七篇眞誥論仙事，一卷檀經說佛心。
此日盡知前境妄，多生曾被外塵侵。
自嫌習性猶殘處，愛詠閑詩好聽琴。

CD track 24

Die Qín repräsentiert das Dào, ist auch dessen Instrument.
Unschätzbar wertvoll ist es, für den, der dies alles erkennt,
Und finger-gewandt auf Saiten das Dào mit Tönen benennt.

Die Qín-Spielerin Zēng Yùhán 曾昱晗 der Shǔ 蜀 (Sìchuān 四川)-Schule hat
diese Worte verfasst. Die Kalligraphie hat Frau Fàn Yùméi 范煜梅 zum
Jahresende 2006 geschrieben.

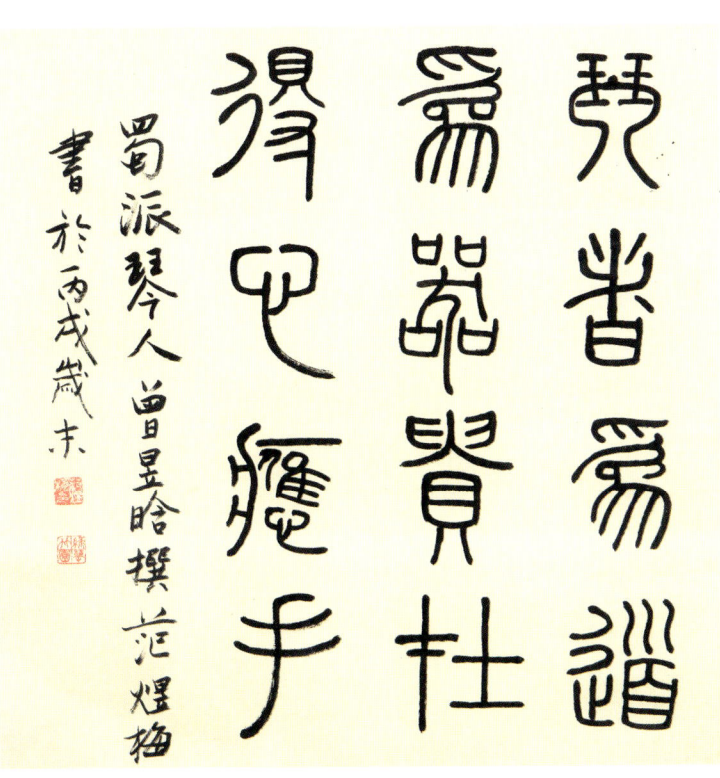

蜀派琴人曾昱晗撰 范煜梅
書於丙戌歲末

Bái Jūyì
Sitzen in Stille

Ich sitze! Der Sonne vertrauend, die Augen geschlossen!
Die Haut umspielt von milder, harmonischer Luft.
Ich fühl mich, als ob ich gereiften Wein genossen,
Als ob mich betört edler Gewürze Duft.
Alle Knochen schienen geschmolzen, die Glieder entspannt;
Alles Denken vergessen, keine Erinnerung mehr.
Selbst grenzenlos fern, der Ort, an dem ich mich gerade befand,
Und mein Geist war frei, wie das Universum, und leer.

白居易
靜坐詩

負暄閉目坐，和氣生肌膚。
初似飲醇醪，又如蟄若蘇。
外融百骸暢，中適一念無。
曠然忘所在，心與虛空俱。

Bái Jūyì
Nach dem Mahl – Meditation nach dem Mittagsschlaf

Das Mahl vorbei, ein kurzer Schlaf
Zwei Schalen Tee: jetzt bin ich wach.

Ich heb' das Haupt, die Sonne scheint
Von Südwest wieder: schräg aufs Dach.

Wer froh ist, trauert: zu kurz der Tag
Wer traurig, klagt: ein Jahr so lang.

Wer weder traurig, weder froh
Genießt sein Sein: ihn macht nichts bang.

白居易
食后
食罷一覺睡，起來兩甌茶。
舉頭望日影，已復西南斜。
樂人惜日促，憂人厭年賒。
無憂無樂者，長短任生涯。

Bái Jūyì
Weg mit den Medikamenten

Seit ich Zen studiere – mich der Meditation bequeme,
Seit ich Zen meditiere – keine Medizin mehr nehme,
Seitdem begann mein Körper völlig zu gesunden:
Meine Krankheiten alle – wie ein Wunder verschwunden.

Doch jetzt würde ich's meinem Körper danken,
würde er wieder wie vorher erkranken.
Denn dann müsste ich mich nicht mit Gesunden messen,
Und dass auch andere stark sind, dürft' ich vergessen.

白居易
罷藥

自學坐禪休服藥，
從他時複病沈沈。
此身不要全強健，
強健多生人我心。

Bái Jūyì
Fragen der Jugend

Sie finden mich Alten komisch – die jungen Leute
Immer wieder hör' ich die Frage: Wieso?
Warum singst du so fröhliche Lieder heute?
Was betrinkst du dich, selig und froh?

Ich bin – so bekenn' ich – "Der fröhliche Tag!"
So sagt man; das ist nicht erlogen!
Weil ich Trübsal blasen einfach nicht mag,
Bin ich einzig dem Frohsinn gewogen!

白居易
少年問

少年怪我問如何，
何事朝朝醉復歌。
號作樂天應不錯，
憂愁時少樂時多。

Bái Jūyì
Vergangenheitsgedenken

Frei bin ich heute, frei! Und ich schaue zurück!
Es erstehen große Meister vor meinem Blick.
Doch gleich schon Fragen! Wohin sind sie verschwunden?
Die Zerfallnen, ins Jenseits, ob sie dort gesunden?

Der Meister Hán Yù, ein Großer seiner Zeit,
Der schluckte vorbeugend Schwefelpillen.
Doch einmal erkrankt, war sein Ende nicht weit.
Der ängstliche Dichter Yuán Zhěn, auch ein großer Poet,
der wollte mit „Steinen des Herbstes" die Zahl seiner Jahre mehren.
Doch jung schon musste er gehen, dessen Dichtung wir heute
verehren.

Der wissende Alchimist Dù wollte selbst sein Inn'res kurieren,
Er blieb standhaft Tag für Tag, ließ sich niemals vom Fleischtopf
verführen.
Der Kräutermann Cuī liebte wirkendes Heilkraut allein,
Das sollte sogar im Winter ihm wärmende Kleidung sein.

Krank waren sie allesamt – sind jung und plötzlich verstorben:
Ihr allzu früher Tod, hat ersehntes Alter verdorben.
Einzig ich, wollte wirklich nie lange leben,
Hier steh ich, alt, die Ausnahme eben.

Die Lust war mir immer lebenswert
Bevor Stärke der Jugend verschwand.
Ich habe immer Fleisch genussvoll verzehrt,
Medizin war mir unbekannt.

War ich hungrig, aß ich, auch wenn es zu heiß!
War ich durstig, half Wasser, auch kalt wie Eis.

Die Organe, die Göttlichen, hab ich in Gedichten verspottet.
Die Elixierfelder alle sind durch zuviel Wein verrottet.
Gebührt hätte mir sicher frühe Zerstörung und Tod,
Doch noch immer lebe ich, kerngesund – alles im Lot.

Mein Gebiss ist fest – kein Zahn ist zerbrochen.
Meine Glieder beweglich und kraftvoll die Knochen.
Mein siebtes Lebensjahrzehnt hat wirklich begonnen.
Mit üppigem Essen, mit friedlichem Schlaf: lauter Wonnen.

Ich trinke weiter meinen Becher voll Wein.
Lass den Himmel für alles sorgen – er mag mir gnädig sein.

白居易
思舊

閑日一思舊，舊遊如目前。再思今何在，零落歸下泉。
退之服硫黄，一病訖不痊。微之煉秋石，未老身溘然。
杜子得丹訣，終日斷腥羶。崔君誇藥力，經冬不衣棉。
或疾或暴夭，悉不過中年。唯予不服食，老命反遲延。
況在少壯時，亦爲嗜欲牽。但耽犖與血，不識汞與鉛。
饑來吞熱物，渴來飲寒泉。詩役五藏神，酒汩三丹田。
隨日合破壞，至今粗完全。齒牙未缺落，肢體尚輕便。
已開第七秩，飽食仍安眠。且進杯中物，其餘皆付天。

CD track 26

Bái Jūyì
Die Pflege der Unbrauchbarkeit

Weich, das Eisen, keiner schmiedet's dir zum Schwert.
Krumm, der Stamm, der hat als Deichsel keinen Wert.
Genau so bin ich, unbrauchbar, bin weich und krumm,
So bleibt mir fern, wer ungebildet, töricht, dumm.

Ich habe Ruhm und Reichtum freudig widerstanden,
In meine Gartenlandschaft zog ich mich zurück.
Und alle meine Spuren hab ich gut verwischt,
Zurückgezogen fand ich endlich hier mein Glück

In kleiner strohgedeckter Hütte ganz allein.
Im Angesicht der Qín und eines Bechers Wein
Bin ich befreit, von keinen Fesseln mehr gebunden,
Hier hab ich Ruhe vor dem Lärm der Stadt gefunden.

Lass allen Dingen freien Lauf, wie sie auch gehen,
Um einundachtzigfach den Alten zu verstehen.

Fast wunschlos bin ich, aller Sorgen fern, und fern
Auch ausgelassner Freude, such nur Herzensklarheit.
Ich weiß, nur einer, unbrauchbar wie ich, der findet
Wohl letztlich auch ein Würzelchen des Dào, der Wahrheit.

白居易
養拙

鐵柔不爲劍，木曲不爲轅。
今我亦如此，愚蒙不及門。
甘心謝名利，滅跡歸丘園。
坐臥茅茨中，但對琴與尊。
身去韁鎖累，耳辭朝市喧。
逍遙無所爲，時窺五千言。
無憂樂性場，寡欲清心源。
始知不才者，可以探道根。

Wie ein klärender Wind zum Tagesende
Den Wolkenvorhang beiseite schiebt
Wie der kühlende Mond dieser Nacht
Über dem Dachvorsprung hängend leuchtet

Genau diese Abendszene bietet die Qín
In diesem Stück von Hè Ruò.

Wer den Geist dieser Musik versteht, der liebt auch
Táos Schwärmen von der Qín ohne Saiten.

Worte gedichtet von Sū Dōngpō 蘇東坡
Als er den Daoisten Wǔ 武
Das verlorene gegangene Stück Hè Ruò 賀若 spielen hörte
Geschrieben von Yǐn Yán 尹言 zum Ende des Jahres 2006

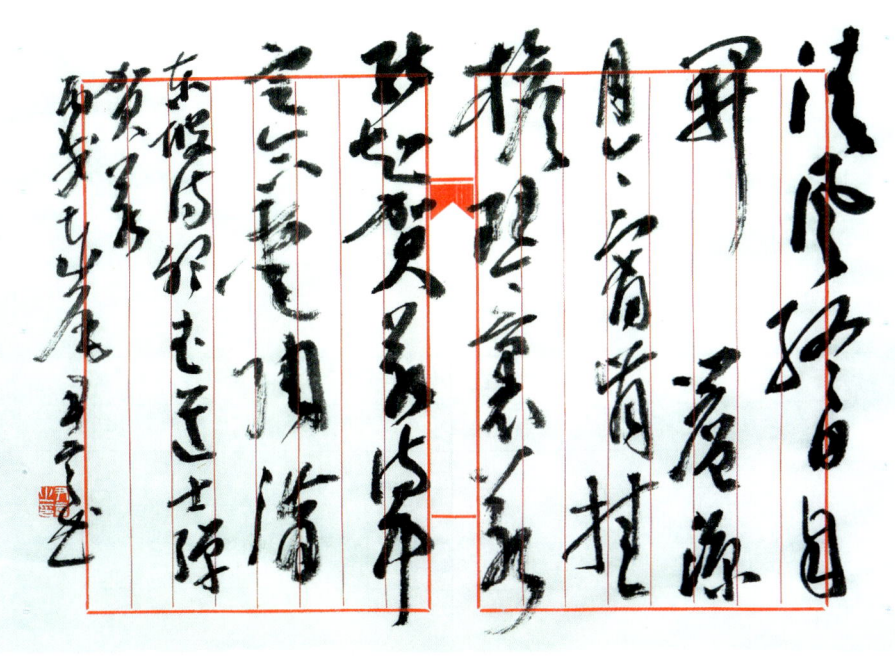

Anonym
Acht Stufen von Ruhe und Bewegung

Dein gefestigtes Herz bietet Ruhe dem Geist
Dieser Geist voller Ruhe, Dir Frieden erweist
Mit friedlichem Herzen wird stille Klarheit gelingen
In stiller Klarheit sehne Dich nicht nach den Dingen
Wen kein Dingliches stört, dem sei fließendes Qì das Zeichen
Fließt die Qì Energie, lass alle Bilder entweichen
Denn ohne die Bilder kannst Du Erleuchtung erreichen

佚名
動靜功八法

心定神寧
神寧心安
心安清靜
清靜無物
無物氣行
氣行絶象
絶象覺明

Fāng Chūnyáng

Ruhe und Bewegung – gleiche Wurzel
Keines konnte je allein bestehen.
Ob im Kosmos, ob in der Natur,
Beide sind zusammen stets zu sehen.

Wie im großen sind sie auch im kleinen
Kosmos unseres Körpers zu verstehen.
Ruhe und Bewegung eng verbunden,
keines kann dem anderen je entgehen.

Greif zum Neuen, lass das Alte los.
Ein Geheimnis löst du so des Lebens.
Kräfte setzt dir dies im Inneren frei
Neu für Alt: der Weg des rechten Strebens.

Sind Paläste deines Innern krafterfüllt
Scheint ein ewiger Frühling dir enthüllt.

方春陽

動靜由來屬互根
身中別有小乾坤
納新吐故生生訣
三十六宮春永存

Zhū Xī
Traktat zur Regulierung der Atmung

Die Spitze der Nase schaue ich an,
Wenn sie weiß geworden,
Wenn ihr jeder Farbton entwichen.

Jederzeit – Allerorten gelassen zu sein
– Auf die Nase zu schauen –
Verschafft mir Freude – ich bin ausgeglichen.

Habe ich tiefste Ruhe endlich erreicht,
Verdanke ich das der Übung mit dunklem „xū"
Ich gleiche dem Fisch, der im Frühling das Wasser durchzieht.

Dass auch alle Bewegung erstarrt
Gelingt mir am Besten, hauche ich helles „xī"
Ich gleiche dem Tier im Winterschlaf, das nichts hört und
                                            nichts sieht.

Es öffnen sich, schließen sich
Himmlisch – irdische Qì-Energien
Die wundersam, unerschöpflich
Den Körper, den Geist durchziehen.

朱熹
調息箴

鼻端有白，我其觀之，
隨時隨處，容與猗猗。
靜極而噓，如春沼魚，
動極而翕，如百蟲蟄。
氤氳開闔，其妙無窮！

Zhū Quán
Acht Brokatübungen

Ich schließ' die Augen, in mich sehen
Ich sitze, lass Gedanken fließen
Mein Geist ist ruhig, nur die Finger
Den Daumen fassen, ihn umschließen.

Drei Dutzend Mal folgt Zähneklappern
Ganz konzentriert das Üben schalten
Den Kopf fass' ich mit beiden Händen
Der Kūnlún-Berg ist fest zu halten.

Ich schlag' die Himmelstrommel an
Mal links, mal rechts Membrane schwingen
Zwei Dutzend Male schlag' ich sanft
Die Trommeln müssen hörbar klingen.

Den Himmelspfeiler tief im Nacken
Den darf ich kräftig rütteln, schwenken
Der rote Drache wälzt das Wasser;
Die Zunge rollt, wird Speichel schenken.

Mit diesem Speichel gurgle jetzt
Drei Dutzend Mal, du sollst nicht eilen.
Denn du mußt dann in deinem Mund
Dies göttlich Wasser gleich verteilen.

In drei teil' dann des Speichels Fülle
Schluck ihn hinunter in drei Teilen
Wie Tiger, Drache sich bewegen
Und keiner soll im Lauf verweilen.

Die Luft halt' an, du darfst nicht atmen
Reib' warm die Hände, das wird reichen
Und lenk' die Hände auf den Rücken,
Um der Essenzen Tor zu streichen.

Du atmest aus, die Luft entweicht
Du fühlst dich frei. Dann sei bemüht,
Dass rund um deines Nabels Mitte
Ein warmes Feuer sanft erglüht.

Ein Brunnenschöpfrad dreht sich rund
Das lass ich rechts und links sich drehen.
Die beiden Beine streck ich aus
Entspannung, Gradheit muss man sehen.

Verschränkte Hände überm Kopf,
Sie sollen leicht den Himmel stützen
Ich senk den Kopf, umfass die Füße
Gleich mehrmals, wie um sie zu schützen.

Ich warte, alles sei entspannt
Denn Speichel muss von neuem fließen
Ich gurgle, schlucke, wie vorher
Darf ich das Üben gar genießen.

Ein drittes Mal, denn das muss sein:
Der Himmelskreislauf wünscht die Drei
So schluck ich neunmal göttlich Wasser
Und es sei stets bedacht dabei,

Dass man das Schlucken deutlich hört,
Denn das nur kann zur Wirkung führen
Und jede Leitbahn kann von selbst
In Harmonie sich regulieren.

Wenn dann das Qì mit seinem Fluss
Die Energie durch dich gelenkt,
Folgt jenes Feuer, selbst sich zündend
Das deinem Körper Wärme schenkt.

Dann wagt kein Böser der Dämonen
Zu nahen und in dir zu wohnen
Dann wirst du nicht in Träumen irren
Es kann kein Schlaf dich mehr verwirren.

Die Hitze lässt dich nicht mehr schwitzen
Du kannst in Winters Kälte sitzen.
Selbst Krankheit kann nicht in dir wohnen
Und jede Not wird dich verschonen.

Vor Mittag und nach Mitternacht
Musst du Brokate praktizieren
Das wird dich, wie Natur es macht,
Zum Einklang mit dem Kosmos führen.

Folg jeder Übung wie im Kreise
Eins nach dem anderen, rund der Lauf
Des Yì Jīng Basis, sei dir Vorbild
Bau auf den acht Trigrammen auf.

朱權
八段錦法

閉目冥心坐，握固靜思神。
叩齒三十六，兩手抱昆侖。
左右鳴天鼓，二十四度聞。
微擺撼天柱，赤龍攪水津。
漱津三十六，神水滿口勻。
一口分三咽，龍行虎自奔。
閉氣搓手熱，背摩後精門。
盡此一口氣，想火燒臍輪。
左右轆轤轉，兩腳放舒伸。
叉手雙虛把，低頭攀足頻。
以候逆水上，再漱再吞津。
如此三度畢，神水九次吞。
咽下汩汩響，百脈自調勻。
河車搬運訖，發火遍燒身。
邪魔不敢近，夢寐不能昏。
寒暑不能入，災病不能迍。
子後午前作，造化合乾坤。
循環次第轉，八卦是良因。

Figur aus dem Dǎoyǐntú 導引圖 (Erläuterungen zum Leiten und Dehnen) aus dem Mǎwángduī-Grab Nr.3., dat. 168 v. Chr. Aus: „The Cultural Relics Unearthed From the Han Tombs at Mawangdui" (Mǎwángduī hànmù wén- wù 馬王堆漢墓文物), Chángshā: Húnán chūbǎnshè, 1992

Wáng Tàikē
Aus den „12 Brokatübungen vom Wǔdāngshān"

Nr. 1

Stütze den Himmel mit beiden Händen
Der Dreifach-Erwärmer ist reguliert.
Verschränke die Finger, die Handflächen wenden,
Und die Arme sogleich nach oben geführt.

Dehn' die Gelenke mit äußerster Kraft,
Weil das Harmonie zwischen Knochen schafft.

Die Augen lass hoch bei den Handrücken sein,
Dann atme tief, lass' das Qì hinein.

Halte den Atem und dreh' Dich zur Seite,
Um vogelgleich links und rechts zu picken.
Senke die Arme in der Form eines Bogens,
Und die Ball-Umarmung sollte Dir glücken.

Atme Klarheit ein – atme Trübheit aus,
Das treibt die schwerste Krankheit hinaus.

Nr. 2

Mit beiden Händen spanne den Bogen,
Als wolltest Du auf einen Adler schießen.
Erhebe die Arme, sie führen das Qì,
Weil sie dem „Palast der Arbeit" entsprießen.

Geh' leicht in die Hocke mit gebeugten Knien,
So wie Pferdebeine bei jedem Schritt,
Lasse Deine Hände die Plätze tauschen,
Deine Augen verfolgen den Ortswechsel mit.

Streck' einen Arm aus, mit dem anderen zieh',
als spanntest Du eines Bogens Saite.
Die Beine lockre, umarm' einen Ball,
Und atme Dein trübes Qì in die Weite.
Das fördert die Kräfte des Wahren Qì:
Meeresfüllende Qì Energie.

Nr. 12

Wandle wie auf Wolken leicht,
So sei durch die Neun Himmel das Dào erreicht:
Forme im Bogen Deine Schritte.

Die Arme seien ausgestreckt,
Handflächen gegen den Himmel gereckt,
Geweitet sei Deine Brust, die Mitte.

Nach hinten darfst Du die Handflächen drücken,
Dreh sie um, und richte sie tief auf den Rücken.

Im Bogenschritt schreite, doch lass' Dir Zeit,
Dass Dein Fuß zum Greifen des Bodens bereit.

Stelle, wechselnd, einen Fuß dem anderen voran,
Weil man so Schritt für Schritt vorankommen kann.

王泰科
武當十二段錦

一、兩手托天理三焦
叩手反掌向上托，極力拔節骨間和，
眼觀手背吸引氣，閉氣轉動左右啄，
落臂畫弧如抱球，吸清呼濁起沉疴。

二、左右開弓似射雕
引氣行臂出勞宮，曲膝下蹲馬步同，
左右變換眼看手，一伸一縮似拉弓，
收腿抱球呼濁氣，真氣填海氣力雄。

十二、弓步輕雲上九天
展臂擴胸掌朝天，向后反掌對腰眼，
弓步慢行腳扒地，左右變換步步行。

Aus einem 12-teiligen Bilder-Zyklus zu: „Geheimen Methoden der Massage und des Dǎoyǐn 導引 zur Kultivierung des Lebens". Unbekannter Künster, Qīng 清-Zeit

Zhāng Sānfēng
Zehn wichtige Prinzipien des Übens

Streichle dein Gesicht so oft du kannst
Zweitens, wische leicht dir über deine Augen

Klopfe, zupfe öfter deine Ohren
Zähneklappern kann zum Üben viertens taugen

Wärm' den Rücken, hüte dich vor Zug
Und die Brust musst sechstens du vor Stößen schützen

Streich' den Bauch sanft, nie ist es genug
Reib' die Füße rot, das wird dir achtens nützen

Schluck' den Speichel oft, den Jadesaft
Streich die Hüften zärtlich aus. Geschafft!

張三丰
行功十要

面要常擦，目要常揩。
耳要常彈，齒要常叩。
背要常暖，胸要常護。
腹要常摩，足要常搓。
津要常咽，腰要常揉。

Zhōu Lǚjìng
Das Nähren der sechs Überflüsse

Knochen entfalten sich außen weiter,
Ihr Überfluss ist in den Zähnen zu spüren:
Klapperst Du häufig mit Deinen Zähnen,
Wird Dich, gefördert, das Knochen-Qì führen!

Blut fließt, gefestigt, nach außen weiter,
Sein Überfluss darf sich in Haaren erheben:
Einmal täglich die Haare kämmen,
So kannst Du, einfach, Dein Blut-Qì beleben!

Nieren entfalten sich außen weiter,
Ihr Überfluss drückt sich in Ohren aus:
Häufig die Ohren reiben, das rat' ich,
So hast Du Nieren-Stärke manchem voraus!

Mark entfaltet sich außen weiter,
Sein Überfluss wächst im Gehirn, im Haupt:
Halte fest Deinen Kopf mit beiden Händen,
Dann wird Deinem Mark nicht die Wärme geraubt!

Sehnen härten sich außen glatt,
Ihr Überfluss erst in den Nägeln endet:
Niemals darfst Du die Nägel schneiden,
So ist Sehnen-Qì zum Vollkommnen gewendet!

Worte entweichen stets unserem Mund,
Die Sprache ist Überfluss von allem Qì:
Sei sparsam mit Worten und sprich nur selten,
So nährst Du jede Qì-Energie!

130

周履靖

六餘之養

齒乃骨之餘，頻叩以益骨氣。
發乃血之餘，一日一梳，活血氣。
耳乃腎之餘，頻揉以補腎氣。
頂乃髓之餘，善固以暖髓。
爪乃筋之餘，勿剪以全筋氣。
語乃氣之餘，少語以養氣。

Zhā Shènxíng
Der Tempel der weißen Wolken

Des Sandwegs Glitzern wirkte warm
An diesem klaren Wintertag

Es senkte kühler Abend sich
Es stand der Alte Tempel leer

Nur hier und da ein Spätherbstblatt
Zertreten auf dem Pfade lag

Der Abendsonne fahles Licht
Verstärkte Schatten ringsumher

Der Ofen kühner Alchimie
Verdeckt, mit dichtem Lehm verriegelt

Der hehre Ort des Altars liegt
Von Opfern bar, mit Stein versiegelt

Und edle Stelen-Ornamente
Verblasst, vergangen, alles dies

Und jeder, der nach Heimat sucht
Der findet hier sein Paradies

查慎行
白雲觀

沙晴冬候暖，古觀晚茶涼，
一徑踏殘葉，半庭除夕陽。
泥封丹灶台，石爐醮壇坊，
華表依稀似，蓬萊是故鄉。

Bái Jūyì
Das Pflanzen von Pfirsich- und Mandelbäumen

Am fernen Meer, gar am Ende der Welt
Wo du auch lebst, was Dir auch gefällt
Dein Zuhause, die Heimat, ist dort zumeist
Wo das Herz zufrieden, wo in Ruhe der Geist.
Wer gedenkt schon der alten, vertrauten Lieder
Wenn er auf fernen, fremden Wegen geht?
Sind dann Jahre vergangen, hat man schon vergessen
dass auch noch die eigene Hauptstadt besteht.
Drei Jahre lang muss ich noch bleiben
das hat man mir zu verstehen gegeben;
Also pflanze ich Mandel- und Pfirsichbäume
Und werde für ihre Blüte leben!

白居易
種桃杏

無論海角與天涯，大抵心安即是家。
路遠誰能念鄉曲，年深兼欲忘京華。
忠州且作三年計，種杏栽桃擬待花。

CD track 28

Shào Yōng
Die Welt in der wir leben

Vergangne Jahrhunderte – viele Millionen
In Zukunft auch – tausende Generationen
Dazwischen passt genau Dein Jahrhundert hinein
Dein Jetzt und Heute – und wie lang kann das sein

Was kannst Du nicht alles darin vollbringen
und leisten und schaffen, und Großes erringen
Doch frag ich mich jetzt – und gleich wird mir bang
Wer lebt denn schon einhundert Jahre lang

Warum musst Du Dich immer um alles sorgen
Freu' Dich am Heute – Denk nicht an Morgen

邵雍
人生一世吟

前有億萬年，後有億萬世。
中間一百年，做得幾何事！
又況人之壽，幾人能百歲？
如何不喜歡，強自生憔悴！

Ch`en Hung-shou (1599 - 1652): Illustration zur Ode "Heimkehr" von T`ao Yüan-ming. Ausschnitt einer Handrolle, Tusche und blasse Farben auf Seide, Honolulu, Academy of Arts. Aus: Die Kunstschätze Asiens, Chinesische Malerei, Albert Skira, Editions d`Art Albert Skira, Genève, 1960, S. 157.

Shào Yōng
Des Herzens Reinigung

Viele erstreben den Körper, das Außen stets sauber zu halten;
Selten hingegen der Wunsch: rein sei das Innre, das Herz.

Wasche den Körper, das Außen, und Staub und Schmutz sind dahin;
Wasche Dein Innen, Dein Herz: Lüsternes Denken bleibt fern.

Fort spült sich leicht mit Wasser der Staub und der Schmutz;
Fort spült das Wasser nicht, was Dir das Innere trübt.

Willst Du ganz sicher den Schmutz Deines Herzens entfernen,
Wage, was Táo Yuānmíng, Denker und Dichter, einst tat:

Selig vom Wein spielte er auf seiner Qín nur im Geist,
Töne vernahm nur sein Herz: Saitenlos war seine Qín!

邵雍

人多求洗身，殊不求洗心；
洗身去塵垢，洗心去邪淫；
塵垢用水洗，邪淫非能淋；
必欲去心垢，須彈無弦琴。

Shào Yōng

Die große Frage – weit und breit:
Wo find' ich das Land der Unsterblichkeit?

Die Antwort nicht schwer – ich kann sie Dir künden,
Du kannst dieses Land nur im Herzen finden.

Das macht keine Mühe, ist nicht lästiges Tun,
Sei Dir nur sicher, in Dir musst Du ruh'n:

Dass um Dich alles grandios ist, kann die Ruhe Dir zeigen,
Dass die Zeit sich verlängert, ist der Muße zueigen.

Und der Innere Frieden – das Beste auf Erden –
Damit wirst Du irdisch unsterblich werden.

邵雍

何處是仙鄉？仙鄉不離房。
眼前無冗長，心下有清涼。
静處乾坤大，閑中日月長。
若能安得分，都勝別思量。

CD track 29

Shào Yōng

Wie stürmisch, schnell ein Fluss auch fließt,
Er lässt sich abwärts treiben.
Sein Tempo treibt mich nicht voran,
Mein Herz darf friedvoll bleiben.

Dass Blumen allzu rasch verblühn,
Stets wieder – Mai um Mai.
Das kann mir nicht Natur verdrießen,
Mein Herz bleibt sorglos, frei.

Sie rennen, hetzen um Geschäfte,
Die meisten, ohne Zeit.
Zu früh dann schwinden ihre Kräfte,
Vergreist, in Traurigkeit.

Ein Lachen voller Fröhlichkeit,
Hat mancher nie gewagt.
Ich brauch das! Jenem Lebensstil
Hab ich ganz abgesagt.

邵雍

水流任急性常靜，
花落雖頻意自閑；
不似世人忙裡老，
生來未始得開顏。

Jiāo Guóruì

Wenn du nicht strebst
und dich nicht mühst
so wirst du nichts erreichen

Auch wenn du strebst
und dich bemühst
erreichst du nichts desgleichen

Du musst den Ursprung allen Seins erkennen
Im Mittelpunkt des Nichts, den musst genau du finden
Dann kannst du ohne Streben, ohne Mühen
Das so Erreichte, so Erlangte, stolz verkünden

焦國瑞

不求不得
求而不得
不求而得
不中有有

Jiāo Guóruì

Von Himmel und Erde lass Dich zu allen Zeiten geleiten
Lass Yīn und Yáng Dein Handeln bereiten, begleiten
Das Dào als Bewegung und Ruhe
Sei all Deinen Sphären zugegen
Dann gelingt Dir das, was man nennt:
„Das Leben nähren und pflegen"

焦國瑞

提挈天地，
把握陰陽。
動靜有道，
是謂養生。

Jiāo Guóruì

Die Tempelkiefer – bunte Borke – Bungeana
Zum Himmel – pfahlschlank – ragt sie auf
Ihr Qì strömt über Berge – Gipfel
Zu Sternen, Galaxien, hinauf.

Die Tempelkiefer – bunte Borke – Bungeana
Birgt in sich wundersamen Geist
Ihr Heim der Himmel – ihr Haus die Erde
Vom stürzenden Wasserfall wird sie gespeist.

Die Tempelkiefer – bunte Borke – Bungeana
Von stattlicher, starker, massiver Gestalt
Ein Bergquell nährt ihr Wurzelreich
Der Wipfel in Wolken mit Zaubergewalt.

Die Tempelkiefer – bunte Borke – Bungeana
Imposante Erscheinung – voller Qì-Energie
Die strahlenden Sterne sind ihre Begleiter
Der „See des Himmels" versiegt als Trinkbecher nie.

Die Tempelkiefer – bunte Borke – Bungeana
Wie ein Berg steht sie, stark wie ein steinerner Pfahl
Aus Eisenknochen erscheint ihr Stamm,
Durchzogen von drahtigen Sehnen aus Stahl.

Die Tempelkiefer – bunte Borke – Bungeana
Voller Stolz durchragt sie den hohen Raum
Vom Sturm gepeitscht, krümmt sich die Krone
Das Gebirge erbebt, wie mit ihm der Baum.

142

焦國瑞

長白松，
聳入天，
連綿無邊際，
浩氣沖霄漢。

長白松，
蘊靈感，
天地爲居室，
瀑布爲垂簾。

長白松，
體渾憨，
山泉育靈根，
挺拔入雲端。

長白松，
氣勢大，
群星爲伴侶，
天池作杯盞。

長白松，
堅如山，
鐵骨鑄身軀，
鋼筋作肌腱。

長白松，
傲長空，
風吹松濤滾，
體動群山顫。

CD track 30

143

Jiāo Guórùi

Hier stehst Du in der Tiefe
Hier stehst Du obenauf
     Oben, unten, hoch und tief, lass' Wandel freien Lauf

   Ob hier ob dort
   An jedem Ort
      Sind groß Gesetze, Normen

   Ob weit ob eng
   Die Regeln streng
      Entsprechen allen Formen

Wie Yīn und Yáng stets Gleiches schafft
Fühlt Härte, Weichheit gleiche Kraft
     Dann kannst Du Denken ruhend in Bewegung führen

Ist leer Dein Denken und gefüllt
Das Elixierfeld herzgestillt
     Dann wirst Du Qì des Himmels und der Erde spüren

Hier blickst Du kühn nach vorn
Hier wirst Du rückwärts handeln
     Vorne, hinten, vor, zurück, frei muss sich alles wandeln

    Ob Sprung ob Tritt
    Bei jedem Schritt
       Sind groß Gesetze, Normen

    Ob weit ob eng
    Die Regeln streng
       Entsprechen allen Formen

Wie Steigen, Sinken Gleiches schafft
Im Öffnen, Schließen gleiche Kraft
     Du kannst Dein Denken übend, nährend führen

Sei siebenfach der untren Hälfte Kraft erreicht
Sei dreifach oben, Atem, Geist und Denken leicht
Dein Herz, ganz im Palast der Mitte, Unrast weicht
     Du wirst das Qì des Himmels und der Erde spüren

焦國瑞

爾忽高，爾忽低，
高低上下任轉移。
處處是大法，勢勢合規矩。
陰陽剛柔勁，
動靜虛實意。
我心在丹田，煉就混元氣。

爾忽進，爾忽退，
進退前後任轉移。
步步是大法，勢勢合規矩。
升降開合勁，
七三煉養意。
我心在中宮，煉就混元氣。

CD track 31

Chang Dai-chien: Emeishan. Aus: Shen C.Y. Fu:
Challenging the Past. The Paintings of Chang
Dai-chien. Washington, D.C. 1991

Jiāo Guórùi
Dithyrambus auf den Éméishān

Gepriesen als einer der vier heiligen Berge
Der Gipfel geschwungener Augenbrauen
Im Vierstromland Sìchuān erhebt er sich
In der Mitte des Reiches der Mitte zu schauen

Prächtig der Aufgang der Sonne, aus Tiefe, aus Nacht
Mächtig, die Wolkenmeere, die alle fünf Farben malen
Schimmernde Tauperlen lassen hier – eingeschmolzen –
Buddhas Glanz und der Heiligen Lichter erstrahlen
Am Gipfel Geschwungener Augenbrauen
Einzig hier lässt sich das Alles erschauen

Der „Meister der Weißen Wolke" durfte hier wohnen
Er war es, ein großer Meister des Zen
Er gründete hier die wertvollen Traditionen
Am Gipfel Geschwungener Augenbrauen
Hier fand man Geist, hier konnte man Wege bauen

Die Suchenden von Lǎozis Urkraft Dào
Die Reinen Buddhas, die nach Nirwana streben
Und die, die ganz nach Konfuzius leben
Hier auf dem Gipfel Geschwungener Augenbrauen
Finden sie ihre Erde, dürfen sie ihren Himmel schauen

焦國瑞

中國峨眉四名山
白雲佛聖景奇觀
白雲禪師傳椿法
儒醫道佛法地天

CD track 32

Zhōu Qiánchuān

Merkverse für die Übungsfolge Éméizhuāng: Himmel und Erde

1

Vorbild sei Dir der Himmel stets, Richtmaß und Regel die Erde:
Denn aus Rundung und Leere entwächst, was zum Gesetz
                                        später werde.
Eines kann sich in Größe zeigen, andres bleibt stets im Kleinen,
Dies kann sich öffnen, jenes verschließen, im Qì-Fluss sich
                                        beide vereinen.

2

Tiefste Stille – Keine Bewegung:
Das Wahre Yīn-Yáng kann nur so richtig walten.
Dies wertvollste Kleinod bedarf keiner Regung,
Nur so wirkt es tief – kann sich ganz entfalten.

3

Übe Bewegung, jedoch, übe durch Nicht-Bewegung:
So entsteht Qì, so ist sein ewiger Fluss zu genießen.
Dort wo ein Wille führt, rührt sich ein göttlicher Geist;
Voller Beseelung sei Sinken und Steigen, Öffnen und Schließen.

4

Dein Sinken begleite nur leise mit dunklen Worten,
Ein Zischen, fast scharf, lasse beim Steigen hören.
In einer Einheit ist Öffnen und Schließen zu orten,
So kann die Bildung der Wunderessenz nicht stören.

5

In Deiner Ruhe sollst Du dem Herbstmond gleichen,
Windeskraft muss Dir in jeder Bewegung gelingen.
So kannst Du jeden Gegner gelassen bezwingen,
Und dabei stets das rechte Maß erreichen.

6

Leicht musst Du sein, wie die Feder des Vogels in Lüften
　　　　　　　　　　　　　　　　　　　　schweben,
Schwer aber auch, darfst den Felsen Heiliger Berge gleichen.
In Deiner Mitte vermagst Du, formlos erscheinend, zu leben,
Leicht wirst Du so die Einheit von Körper und Geist erreichen.

7

Groß ist der Himmel! Groß ist die Erde fürwahr!
Weil die Zwölferfolge durch sie uns verehrt.
Diese zwölf zu erkennen, schweigend, sie zu verstehen,
Bemühe Dich stets, das sei harte Übung Dir wert.

周潛川
峨嵋天地樁合訣

象天則地，圓空法生，大小開合，唯妙於心。
如如不動，是眞陰陽，寶斯不動，發用乃常。
唯氣與脈，不動動生，意動神到，開合降升。
降則嘿嘿，升則嘶嘶，開合一如，結丹在茲。
靜如秋月，動若飆風，彬彬克敵，分寸之中。
輕若鴻毛，重逾泰山，用中無形，體用一焉。
大哉天地，十二樁首，默識心通，貴在勤苦。

Sū Dōngpō

Wenn's um Gemälde geht:
  Man meldet Zweifel an!
    Ob dieses Bild auch treues Abbild der Natur?
Dann darfst du sicher sein:
  Das ist kein kluger Mann!
    Der denkt noch kindisch – ist ein Knabe nur!

Wenn's um die Dichtung geht:
  Man sagt – dies gilt allein!
    Nur dieses eine Wort nur dieser Reim ist recht!
Dann ist schon offenbar:
  Das kann kein Dichter sein!
    Der kennt der Dichtung Zeichenzauber schlecht!

Wenn eine Qín erklingt:
  Und einer jubelt laut!
    Das ist der rechte Ton, kein andrer hat hier Platz!
Der hat ein schlechtes Ohr
  Hört von dem Wandel nichts
    Den jede Saite bringt, stets neu der Töne Schatz!

蘇東坡
論畫以形似，見與兒童鄰。
賦詩必此詩，定知非詩人。
聞琴喜於色，不讓天籟音。
絲絲皆溫潤，聲聲盡率眞。

CD track 33

Jiāo Guóruì

Gedichte zum Spiel der fünf Tiere

Bär, 熊 xióng. Aus: Leitgedanken zu Qigong und Yangsheng in Kalligraphien von Jiao Guorui. Medizinisch Literarische Verlagsgesellschaft Uelzen, 1999, S. 61.

Jiāo Guórùi
Das Spiel des Bären

Wer je eines Bären Körper erblickt,
Sieht es deutlich: tölpelhaft, ungeschickt!
Doch wem ist das Innre des Bären bekannt?
Er ist wundersam flink, geschmeidig, gewandt!

Das Leichte, Behände, verbirgt er nach außen,
Wirkt arglos, gesetzt, scheint von Einfalt geziert.
Er rüttelt am Baum, widersetzt sich und schwankt,
Alle Kraft in den Schultern konzentriert.

So kann er sein Qì tief ins Dāntián lassen,
Den Palast der Mitte bewahren, erfassen.

焦國瑞
熊戲

熊體外笨內自靈，
渾憨沉穩重中輕。
撼運抗靠力在膀，
氣沉丹田守中宮。

CD track 34

155

Jiāo Guóruì
Das Freie Spiel des Bären

Bereite dich vor
Den Atem gut gelenkt
    Den Geist beruhigt
        Das Qì ins Dāntián gesenkt.

Langsam, behäbig, ihr Schlendern
    Eisbären tappen am Meer
        Schwerfällig, wiegend ihr Gang
            Blicken arglos, einfältig umher.

Du bist jetzt einer von vielen
Sollst im Wasser mit ihnen spielen:

Schwer, behäbig, der Bär,
Schwankend hin und her,
Liebt Spiel im Wasser sehr
Als ob federleicht er wär'.

Er übt seine vorderen Beine
Wie mit Armen lehnt er sich an;
Stützt sich auf die vorderen Beine
Und stößt sich nach vorne dann.

Wie Katzen mit weichen Tatzen
Wischt er Augen, Wangen und Maul;
Dann hockt er entspannt sich nieder,
Wirkt nach außen untätig und faul.

Dreht den Kopf ganz langsam zur Seite
Und schaut, was hinter ihm liegt;
Blickt unruhig in die Weite,
Er sucht Futter – der Hunger siegt.

焦國瑞
熊戲活練法

時而漫步撼運，
時而按運游玩。
時而抗靠練膀，
時而推擠向前。
時作熊貓洗臉，
時又熊蹲下按。
時而尋食急走，
時而轉頸後看。

Jiāo Guóruì im Spiel des Kranichs. Bronzeskulptur von
Gisela Drescher. Foto: Jürgen Liepe

Jiāo Guóruì
Das Spiel des Kranichs

Schwerelos schwebt der Kranich hoch in den Lüften
Kieferngleich steht der Kranich auf irdischem Grund
Geist voller Freiheit wahrhaft beschwingt und beflügelt
Wie durch Wolken gleitend im himmlischen Rund.
Hält wie die Wildgans beim Wassern die Flügel gespannt
Steht fest wie wurzelnd auf einem Bein im Sand.

Dem Qì ist zu eigen das Sinken und Steigen
Das Qì lässt er lenken den Geist und das Denken.

焦國瑞
鶴戲

鶴體飄飄立如松，意如飛翔在雲層。
亮翅落雁獨立勢，氣息升降意要輕。

CD track 35

Kao Ch`i-p`ei (1672-1734), Junger Kranich unter Wu-T´ung
Baum, Erste Hälfte 18. Jh. Aus: Vom Wesen chinesischer
Malerei, Roger Goepper, Prestel-Verlag München, 1962, S. 130

160

Du

Stehst

Am Rande

Eines Kiefernhaines

Du

Weilst

Am Ufer

Eines blauen Sees

Ein Kranich-Schwarm fand diesen Ort

Anmutig schreiten sie und schauen

Die Körper federnd unbeschwert

Sie wandeln voller Eleganz

Du selbst bist einer dieses Schwarms

Du stehst voller Ruhe

Voller Anmut

Schreitest

Weiter

Fort

Du

Jiāo Guórùi
Das Freie Spiel des Kranichs

Wie die Wildgans, leicht und elegant
Lässt der Kranich sich am flachen Sandstrand nieder
Stolz als weißer Kranich steht er dann
Voller Anmut spreizt er sein Gefieder

Fliegend schnappt die schwarze Schwalbe zu
Auf den Wellen, wendig und geschickt
Auch das kann der Kranich – ebenso
Wie ein Goldpirol ein Reiskorn pickt
Farbenschillernd zeigt er sich im Flug
Wie ein Phönix scheint er hoch beglückt

Weit wie Wolken spannt er seine Flügel
So wie Schwäne ihre Hoheit zeigen
Fast unscheinbar, tänzerisch verspielt
Auch des kleinen Sperlings Spiel ist ihm zu eigen

Willst du wie ein weißer Kranich sein
Stehst du nicht nur kiefernfest auf einem Bein
Lass dich ganz aufs Freie Spiel des Kranichs ein

焦國瑞

鶴戲活練法

時作雁落平沙，時作白鶴舒翼。
時作墨燕點水，時作金雞啄米。
時作彩鳳飛翔，時作雲鴻振羽。
時作孔雀開屏，時作白鶴獨立。

CD track 36

Jiāo Guóruì im Spiel des Tigers. Bronzeskulptur von
Gisela Drescher. Foto: Jürgen Liepe

Jiāo Guórùi
Das Spiel des Tigers

König ist er unter den großen Tieren
Mächtiges, Wildes vermittelt seine Gestalt
Sein Äuß'res ist Stärke, das Sanfte ruht innen
Nur in der Sanftheit liegt seine große Gewalt

Wie Stürme die Lüfte durchfegen
So können sich Tiger bewegen

Wie uns die Mondnacht-Stille bannt
So ist die Ruhe des Tigers bekannt

Starke, gewaltige Kräfte sind dem Körper des Tigers zu eigen
Die vermag er im ringenden Kampf, im stürmischen Angriff zu zeigen

焦國瑞
虎戲

虎像威猛獸中王，
外剛內柔柔中剛。
動似飆風靜如月，
撲按搏斗體力強。

Jiāo Guórùi
Das Freie Spiel des Tigers

Bereite dich vor:
Den Atem gut gelenkt
Den Geist beruhigt
Das Qì ins Dāntián gesenkt

Du stehst, von Bergen und Hügeln umgeben:
Dir naht sich der Tiger, der Wilde

Kühnheit und Mut sei dem Tiger innen zu eigen
Majestätisch darf er nach außen sich zeigen
In dichtesten Bergwald führt ihn sein Lauf
Er dringt tief in die Welt der Berge ein
Wie aus dem Nichts tauchst DU als Tiger auf

Jiāo Guórùi
Das Freie Spiel des Tigers

Satt und langsam	Schritt für Schritt
Kindlich spielend	Selbst vergessen
Hunger treibt dich	aus der Höhle
Kampf in Bergen	Kräfte messen
Wilder Tiger	Macht beachtend
Sprung nach vorne	Sichres Ziel
Tiger ruhend	Mond betrachtend
Berg durchstreifend	Wütend' Spiel

焦國瑞
虎戲活練法

時作飽虎漫步，時作幼虎戲玩。
時作餓虎出洞，時作虎鬥山間。
時作猛虎發威，時作虎撲向前。
時作伏虎觀月，時作怒虎搜山。

CD track 38

Jiāo Guórui
Das Spiel des Hirschs

Der Körper des Hirschs erscheint schlank, gestreckt,
Sein Wille, sein Gang ist locker, entspannt.

Fern ist ihm ein Schritt, von Fesseln gehemmt,
Er hat die rechte Bewegung erkannt.

Tritt fest auf die Erde, er streckt sich nach vorn,
Springt leicht, jagt behände, das Haupt gewendet.

Das stärkt seine Sehnen, erfüllt durch sein Qì,
und das Qì in der Tiefe des Rückens erst endet.

焦國瑞
鹿戲

鹿體舒展意要鬆，切勿拘束勉強行。
探身蹬跳又回首，氣運尾閭練在筋。

Jiāo Guóruì
Das Freie Spiel des Hirschs

Bereite dich vor
Den Atem gut gelenkt
Den Geist beruhigt
Das Qì ins Dāntián gesenkt

Vor Dir nur Grasland – In dichtem Grün
Hirsche, im Rudel   – Die Eb'ne durchzieh'n
Sie streifen umher   – Gelassen und frei
Sei einer von ihnen – Entspannt mit dabei.

Einmal durchstreift das Gras der Steppe er
                        mit sanftem Schritt.
Ein andres Mal zieht er ganz schlank
                        gestreckt voran.
Mal wendet er sein stolzes Haupt
                        und blickt zurück
Und zieht mit lockrem Sprung nach vorn
                        leicht seine Bahn.
Er sucht den Schutz des dichten Blätterdachs
                        auf seiner Flucht.
Er fegt durchs grüne Gras der Steppe fort
                        in wildem Lauf.
Durchschwimmt das weiche Wasser elegant
                        teilt dessen Fluss
Und steht am Rand des Waldes plötzlich still
                        nimmt Ruhe auf.

焦國瑞
鹿戲活練法

時而草原漫步，時而探身向前。
時而回首後看，時而蹬跳前鑽。
時而草原奔馳，時而林中逃竄。
時而左右分水，時而靜立林邊。

CD track 39

Jiāo Guóruì im Spiel des Affen. Bronzeskulptur von Gisela Drescher. Foto: Jürgen Liepe

Jiāo Guóruì
Das Spiel des Affen

Bewegung liebt er – er ist Bewegung
Jede Geste, Gebärde an ihm ist geschickt;
Jeder Gang, jedes Zeichen von ihm, jede Regung
Entsteht aus der Ruhe, die ihn entzückt.

Energiegeladen, gleich blendenden Blitzen,
Bewegt sich sein Körper, wundersam leicht.
Nichts Festes fügt sich, nichts Starres kann nützen,
Weil er jede Bewegung spielend erreicht.

So wie Sūn Wùkōng, der edle Pfirsiche pflückt,
Mit der Frucht der Unsterblichkeit seine Freunde beglückt.

焦國瑞
猿戲

猿性善動動中靜，
若閃若電體輕靈。
看它一身無定勢，
摘桃獻果多機警。

Jiāo Guóruì
Das Freie Spiel des Affen

Bereite dich vor
Den Atem gut gelenkt
Den Geist beruhigt
Das Qì ins Dāntián gesenkt

In weiter Landschaft
Von Bergen und Bäumen umgeben
Eine Horde Affen
Du siehst sprühendes Leben

Ins Wasser ein Sprung
Ein Tanzen im Baum

Felsen bezwingend
An Ästen sich schwingend

Wendig und flink
Wachsam der Geist

Jede Bewegung
Nichts entgeht ihrem Blick

Du bist einer von ihnen
Treibst gleiches Spiel

Tollst mit der Horde
Mit demselben Geschick

Jiāo Guóruì
Das Freie Spiel des Affen

Verstohlen geht Dein Blick wach in die Weite
Erschrocken wagst Du einen Sprung zur Seite
Suchst im Versteck Dir stille Sicherheit.

Mit Goldner Peitsche kannst die Luft Du teilen
Darfst pfirsichpflückend hoch im Baum verweilen
Und reichst die Früchte voller Höflichkeit.

Du tanzt mit dem Schwert, übst knabenhafte Geschmeidigkeit
Du sitzt auf dem Boden: ein Weiser, meditationsbereit.

焦國瑞
猿戲活練法

時作白猿窺望，又作驚猴逃藏。
時作白猿獻果，又學倒拖金鞭。
時作白猿摘桃，又作金童舞劍。
時學白猿坐地，又學玉女揮扇。

CD track 41

174

Rauschen der Kiefern im Wind (松濤 sōngtāo). Aus: Leitgedanken zu Qigong und Yangsheng in Kalligraphien von Jiao Guorui. Medizinisch Literarische Verlagsgesellschaft Uelzen, 2000, S. 59.

Jiāo Guóruì
Kiefern des Huángshān

1
Kiefern! Des Huángshān grünende Augen
Die Mutter ist ihnen das Felsgestein
Die weiche Wolke ist nährende Brust
aus der Wurzeln und Äste die Kräfte saugen
den Tau und den Regen, kristallklar und rein
denn Erdenstaub ist hier keinem bewußt
2
Kiefern! Auf höchsten Huángshān Höhen
Die Sterne sind ihnen Gefährten der Nacht
Als Freund zieht für sie der Mond seine Bahnen
Sie ragen empor: majestätische Pracht
Sie lassen uns in ihrer Schönheit erschauern
und werden der Menschen Zeit überdauern
3
Kiefern des Huángshān will ich Euch zeigen
Ihr mächtiger Wuchs voller Energie
Die Schönheit von Stämmen und Ästen und Zweigen
die findet an anderen Orten ihr nie
Die Kräfte, die sie wachsen ließen sind innerer Kräfte Spiel
Die Grazie, die uns so bezaubert, ist einzig bewundertes Ziel
4
Kiefern des Huángshān werden Euch nützen
Ihr Fuß steht fest auf dem Felsengestein
Ihr Kopf darf des Himmels Rundung stützen
und stärker als Stein muss ihr Wille sein
Die Kraft, ihre Schönheit kann alles durchdringen
sie lassen selbst das Universum erklingen

焦國瑞
黃山松

松之一
黃山松，石爲母，雲爲乳，
雨露育靈根，淨潔不知土。

松之二
黃山松，星作伴，月爲友，
挺秀凌空立，雄姿傲千古。

松之三
黃山松，氣勢大，體態美，
有內在的力，有外在的秀。

松之四
黃山松，腳踏山，頭頂天，
意志比石堅，氣勢貫宇宙。

CD track 42

Konfuzius: Die Gütigen erfreuen sich am Berg – Die Weisen
erfreuen sich am Wasser 知者樂水，仁者樂山
Aus: Gespräche Lúnyǔ 6.23. Kommentar zu diesem Wort aus
dem Garten der Sprüche *Shuōyuàn*, Kap. 17

Den Weisen freut der Fluss, erfreut das Fließen
Am Wasser misst er, was sein Herz begehrt
Das, was Edlen achtfach Wesen ehrt

Der Tugend gleicht ein Fluss
Er gleicht der Menschlichkeit
Der Klugheit gleicht der Fluss
Er gleicht der Tapferkeit

Erkenntniskraft ist sein
Er gleicht Verträglichkeit
Besitzt Verwandlungskraft
Mut und Entschlossenheit

Der Tugend gleicht ein Fluss
Denn er gibt immer nach, kann selbstlos sein.

Er gleicht der Menschlichkeit
Denn wo er fließt, herrscht Wachsen und Gedeih'n.

Der Klugheit gleicht ein Fluss
Das Wasser fügt sich jeder Landschaft ein.

Er gleicht der Tapferkeit
In Schluchten stürzt er, furchtlos, sich hinein.

Erkenntniskraft ist sein
Selbst Schwaches, Feines kann er leicht durchdringen.

Er gleicht Verträglichkeit
Denn Übles, Schmutziges kann man ihm bringen.

Besitzt Verwandlungskraft
Denn frisch und sauber tritt aus ihm heraus
Was unrein erst sein Wasser ganz durchschwommen.

Mut und Entschlossenheit
Die zeigt ein Fluss, wenn er mäandernd fließt
Zum Ostmeer strebend, bis er angekommen.

CD track 43, nur deutsch

Wáng Ānshí
Pflaumenblüten

Gesprengt vom Ostwind sind die frühen Pflaumenknospen,
Ein Zweig ist aufgeblüht im warmen Sonnenlicht.
Kein Eis, kein Schnee ist mehr zu sehen,
Vom Himmel kam der Frühling auf die Welt.

Distichen

Frühe Knospen der Pflaume hat der Ostwind gesprengt.
Aufgeblüht ist ein Zweig, Sonne hat ihn erwärmt.
Keine Spur mehr von Schnee und von Eis jetzt zu erblicken
Denn der Frühling ist da, kam vom Himmel herab.

Sapphische Ode

Ostwind ließ die Knospen der Pflaumen springen
In der Sonne steht schon ein Zweig in Blüte
Eis und Schnee kann keiner jetzt mehr erblicken
Himmlisch der Frühling.

王安石
梅花

牆角數枝梅，凌寒獨自開。
遙知不是雪，為有暗香來。

180

Sū Dōngpō
Trunken am Westsee zwischen
Frühlingsklarheit und Frühlingsregen

Des Wassers Fläche – strahlend klar und prächtig
Dies Wasser lieb' ich: Glanzvoll seine Weite

Der Berge Farben – regennass verschwommen
Nur zarte Farben: Dem Wasser stolz zur Seite

Des Westsees Charme – der lässt sich leicht vergleichen
Mit jener Schönen die man „Westlich Mädchen" nennt

Stets strahlt sie Harmonie – die Schönheit ist ihr Zeichen
Ob man ganz schlicht – ob man geschminkt sie kennt

蘇東坡
飲湖上初晴後雨

水光瀲灩晴方好，
山色空濛雨亦奇。
欲把西湖比西子，
淡妝濃抹總相宜。

Zhū Xī

Mein kleiner Teich! Vier Seiten – ein Quadrat:
Ein aufgeklappter Spiegel, fängt den Himmel ein.
Es wogen Sonnenstrahlen, Wolkenschatten reisen
Auf seinen leichten Wellen, auf und nieder.

Man fragt, woher der See die Klarheit hat?
Wie kann von solcher Himmelsreinheit Wasser sein?
Die tiefen Quellen wissen's, die ihn sprudelnd speisen
Mit reinstem Wasser jetzt und immer wieder.

朱熹

半畝方塘一鑑開，
天光雲影共徘徊。
問渠那得清如許？
爲有源頭活水來。

Mönch Bùdài

Rücken gebeugt, gesenkt den Kopf
Rückwärts im Krebsgang pflanzen die Hände
Setzling für Setzling, Reihe um Reihe
Unter dem Wasser, zielgenau
Spiegelnd im Wasser erblick ich den Himmel
Rundes im Graden: Wolke und Blau

Klarheit und Ruhe nähren die Seele
Nähren die Sinne. Im Reisfeldquadrat
Ahne ich plötzlich, was immer ich suche
Fühle ich deutlich Erkenntnis des Dào

Rückwärts zwar ziehe ich meine Bahn
Doch schreite ich vorwärts, weiter voran

布袋和尚

手把青秧插滿田，
低頭便見水中天；
六根清淨方爲道，
退步原來是向前。

CD track 44

183

Lǐ Tàibó
Der Einsame unter dem Mond

Inmitten von Blumen steht eine Kanne mit Wein,
Allein schenk ich ein – denn heute trinkt keiner mit.
Ich hebe die Schale – lade den Mondschein ein,
So naht auch mein Schatten, mit ihm sind wir zu dritt.

Doch der Mond scheint sich nicht sehr am Trinken zu laben,
Und mein Schatten folgt nur auf Schritt und Tritt.
Nur kurz kann man solche Begleiter haben,
Doch des Frühlings Freuden genießen sie mit.

Ich singe ein Lied – Der Mond ist in Wolken verschwunden.
Ich wieg mich im Tanz – Der Schatten ins Dunkel enteilt.
Wir drei sind, solange ich nüchtern, eng miteinander verbunden,
Doch wenn ich trunken, berauscht, sind wir wieder dreifach geteilt.

Suchst Du Dir Begleiter, die herzlich, die niemals entfliehen,
Schau zu Sternenwolken hinauf, zu den Galaxien.

李太白
月下獨酌

花間一壺酒，獨酌無相親。
舉杯邀明月，對影成三人。
月既不解飲，影徒隨我身。
暫伴月將影，行樂須及春。
我歌月徘徊，我舞影零亂。
醒時同交歡，醉后各分散。
永結無情遊，相期邈雲漢。

Dichterdialog

Xǔ Xuānpíng schreibt an die Wand seines Einsiedlerhauses

Dreißig Jahre hab ich im Verborgnen gewohnt;
Hoch auf dem Gipfel des Südbergs die Hütte gebaut.
Still ist die Nacht, mein Vergnügen der helle Mond,
Quellwasser trinke ich, früh, wenn der Morgen blaut.

Fern übern Fluss schallt des Holzfällers Melodie,
Froh auf den Felsen spielende Vogelscharen.
Freude hält jung, ans Altwerden denke ich nie,
Hier ist vergessen, wie schwer lange Jahre waren.

許宣平 · 庵壁題詩

隱居三十載，築室南山巔。
靜夜玩明月，清朝飲碧泉。
樵人歌壟上，谷鳥戲岩前。
樂矣不知老，都忘甲子年。

Des Lǐ Tàibó Reaktion auf Xǔ Xuānpíngs Gedicht

Jenen Vollkommenen, Weisen, der diese acht Zeilen geschrieben,
Ihn will ich treffen, seit ich von den Versen weiß, und sie singe.
Hier zu dem Ort, der Ruhe ihm gab und Weisheit ihm schenkte,
Stieg ich hinauf. Lese die Worte wieder, hier an der Wand.

Wie Dunst diesen Gipfel verschleiert,
Sind des Genius Spuren verborgen.
Wie Wolken den Himmel verdecken,
Darf keiner das Höchste erschauen.

Den Hof und die Hütte erblicke ich zwar,
Verlassen sind beide und leer.
Doch immer noch steh ich, gestützt auf den Stock,
Noch zögernd und fragend,
Ob er nicht schon längst, verwandelt, entflog:
Unsterblicher Kranich,
Der erst nach zehntausend Jahren
Sich auf die Rückkehr besinnt.

李太白 · 題許宣平庵壁

我吟傳舍詩，來訪眞人居。
煙嶺迷高跡，雲崖隔太虛。
窺庭但蕭索，倚仗空躊躇。
應化遼天鶴，歸當於載餘。

Des Xŭ Xuānpíng Reaktion als er von Lĭ Tàibós Besuch erfährt.

Als Kleidung dienen mir des Teiches Lotosblätter
Mein kleines Gärtchen nährt mich, kräuterreich.
Mehr brauch ich nicht und hab ich nicht, und dennoch
Kam da ein Suchender, ein großer Dichter,
Der mich sogar verehrt, den Weisen gleich.

Den Ort verließ ich, ich zog um, das musste sein,
Verborgner, abgelegner leb ich jetzt – allein.

許宣平 · 見李太白詩又吟

一池荷葉衣無盡，兩畝黃精食有餘。
又被人來尋討著，移庵不免更深居。

Yuán Méi

„Alter! Reif sind deine Jahre!"
Lachend stell' ich mir die Frage
Was ist nun aus dir geworden?
Wie verbringst du deine Zeit?

Gleich wie lang ich Antwort suche,
Find' nur eine, die ich wage:
Nur Gedichte les ich, kann ich,
Stets rezitationsbereit.

Mit der Seidenraupenpuppe
Dürft ihr ruhig mich vergleichen.
Doch des Tausendmeterfadens
Länge kann ich nicht erreichen.

Warum bleibt man so verschlossen,
Und man äußert sich nicht klar,
Sagt die Meinung unverdrossen
Dass ein jeder sieht, was wahr!

袁枚

一笑老如此，作何消遣之？
思量無別法，惟有多吟詩。
譬如將眠蠶，尚有未盡絲。
何不快傾吐，一使千秋知！   CD track 45

Fünfundachtzig Jahre alt! Wonach soll Alter noch streben.
Ich habe kostbare Töne hinterlassen, jenen, die nach mir leben.
Die Gŭqín-Schule-Sìchuān ist übers Meer nach draußen gedrungen:
Die Wellen des „Fließenden Wassers" werden sich fern erheben.

Der Weise Yù Shàozé 喻紹澤 hat dieses Gedicht im Jahr 1987 verfasst.
Seine Schülerin Fàn Yùméi 范煜梅 schrieb respektvoll diese Kalligraphie.

八五老翁何以叺
求元音甌為後
生留蜀派古琴
渡海外流水潺
太空游

先賢兪紹澤先生诗一首
晚學范煜梅敬書

191

Bái Jūyì
Ode an die Faulheit

Geprüfter Beamter – doch arbeit' ich nicht – ich bin faul
Besitzer von Feldern – doch pflüg' ich sie nicht – ich bin faul
Mein Dach voller Löcher – doch stopf' ich sie nicht – ich bin faul
Die Kleidung zerrissen – doch flick' ich sie nicht – ich bin faul

Mein Wein liegt im Keller – doch trink' ich ihn nicht – ich bin faul
Genau so geht's einem – dem trocken das Glas – ohne Wein

Die Qín ist verstaubt längst – ich spiel' sie ja nicht – ich bin faul
Genau so wie jener – der saitenlos nur auf ihr spielt

Die Meinen sie hungern – der Topf sei ganz leer – ohne Reis
Reis möcht' ich schon kochen – doch stampf' ich ihn nicht –
                                                    ich bin faul

Die Briefe der Freunde – versiegelt, noch zu – auf dem Tisch
Ich möcht' sie schon lesen – wer öffnet sie mir – ich bin faul

Und oft hört' ich sagen – im Bambus saß der – der so faul
Jī Kāng ist gemeint hier – der Weise des Hains – doch ihr wisst
Der schmiedete Eisen – und spielte oft Qín – jeden Tag
Zieht man den Vergleich – dann war der zwar faul – so wie ich
Doch sag' ich euch gleich – was Faulheit betrifft –
Gibt's wohl keinen Faulren als mich

白居易
詠慵

有官慵不選，有田慵不農。
屋穿慵不葺，衣裂慵不縫。
有酒慵不酌，無異樽常空。
有琴慵不彈，亦與無弦同。
家人告飯盡，欲炊慵不舂。
親朋寄書至，欲讀慵開封。
嘗聞嵇叔夜，一生在慵中。
彈琴復鍛鐵，比我未為慵。

CD track 46

Wēng Sēn
Die Freude am Lesen im Sommer

Frisch-grüner Bambus, über den Rand des Daches gewachsen
Üppige Maulbeerbäume grünen rund um mein Haus
Still meine Kammer, hier, wo ich lese und dichte
Weite, Tagesbeginn, aufs Morgenrot blick ich hinaus

Abendstille! Beendet habe ich Dichten und Lesen
Dies ist die Zeit der Zikaden, singend, zirpend im Baum
Tief in der Nacht, der Docht der Kerzen erloschen
Glühwürmchen fliegen ans Netz, beleuchten den Raum

Sorglos am Nördlichen Fenster genieß ich die Szene
Tief im Herzen gedenk ich der Alten Zeit
Freunde sind sie, vertraut mir die Werke der Alten Meister
In ihrer Weisheit. Lesen schafft mir Zufriedenheit

Bücher der Weisen zu lesen, erfüllt mich mit Freude
Unerschöpfliche Freude, die jeder beim Lesen findet
Wie auf der jadeglänzenden Qín des „Südwinds Lied"
Das Welt einst geordnet, Wärme des Lebens verkündet.

翁森
四時讀書樂·夏

新竹壓簷桑四圍，
小齋幽敞明朱曦；

畫長吟罷蟬鳴樹，
夜深爐落螢入幃。

北窗高臥羲皇侶，
只因素稔讀書趣；

讀書之樂樂無窮，
瑤琴一曲來薰風。

Südwind (nánfēng 南風). Name einer yuánzeitlichen Qín, aufbewahrt im Museum der Provinz Shāndōng. Aus: Kunstkollektion für chinesische Qín (Zhōngguó gǔqín zhēncuì 中國古琴珍萃), Běijīng: Zǐjìnchéng chūbǎnshè, 1998, S. 88

Anhang

Autoren

Bái Jūyì 白居易 (772-846), Beiname Lètiān 樂天 („der fröhliche Tag"), herausragender Poet der mittleren Táng-Zeit. Er widmete viele Gedichte der Qín und behandelte häufig Themen des Yǎngshēng.

Mönch Bùdài 布袋和尚 (?-917, jap. Hotei), populäre Figur der chinesichen Volksreligion, gilt im Chán-Buddhismus als eine Inkarnation des Bodhisattva Maitreya (chin. Mí Lè Fó 彌勒佛), er wird häufig als dickbäuchiger, lachender Mönch dargestellt.

Cháng Jiàn 常建 (Táng-Zeit), Beamter und Dichter. Er verfasste überwiegend fünfsilbige Regelgedichte, die häufig von Bergen, Bäumen und Tempeln handeln.

Fāng Chūnyáng 方春陽 (geb. 1946), Professor für Chinesische Medizin an der Zhèjiāng-Universität, Dichter.

Jiāo Guóruì 焦國瑞 (1923-1997), Professor an der Akademie für Chinesische Medizin Běijīng, Begründer des Lehrsystems Qìgōng Yǎngshēng, das besonders die wissenschaftliche Herangehensweise und die kulturelle Einbettung des Qìgōng betont.

Lǐ Qí 李頎 (690-751), Dichter der Táng-Zeit.

Lǐ Tàibó 李太白, Lǐ Bái 李白, (701-762), Beiname Shīxiān 詩仙 („Unsterblicher Dichter"), er zählt zu den bedeutendsten Dichtern Chinas überhaupt. Sein Wirken fällt in die Blütezeit chinesischer Dichtkunst, der Hohen Táng-Zeit.

Mèng Jiāo 孟郊 (751-814), tángzeitlicher Dichter und Beamter, bekannt mit einer Ode an die mütterliche Liebe „Lied eines Wanderers" (Yóu Zǐ Yín 遊子吟).

Qí Jǐ 齊己 (ca. 860-ca. 937), Dichter und Mönch der Táng-Zeit.

Shào Yōng 邵雍 (1011-1077), Konfuzianer, Denker, Literat und Pädagoge der Sòng-Zeit, Meister der Lehre der Wandlungen.

Sū Shì 蘇軾 (1037-1101), bekannter unter seinem Beinamen Sū Dōngpō 蘇東坡, großer Dichter Chinas und ein Universalgelehrter, Maler, Kalligraph, Essayist, Kunstkritiker und Politiker. Er beschäftigte sich viel mit Themen der Medizin und des Yǎngshēng.

Wáng Ānshí 王安石 (1021-1086), namhafter Literat und Reformer der Nördlichen Sòng-Zeit.

Wáng Tàikē 王泰科 (geb. 1943), Wǔdāngshān-Daoist, lebt im „Palast des purpurnen Wolkenhimmels" (Zǐxiāogōng 紫霄宮).

Wáng Wéi 王維 (699-759), Maler, Kalligraph, Dichter, Musiker und einer der herausragendsten Dichter der Táng-Zeit. Sū Dōngpō 蘇東坡 über Wáng Wéi 王維: „In seinen Gedichten findet man Gemälde, in seinen Gemälden Gedichte".

Wēng Sēn 翁森, persönlicher Name Yīpiáo 一瓢 (13./14. Jh., Ende Sòng- /Anfang Yuán-Zeit), konfuzianischer Gelehrter; auf Grund seines Wissens nannte man ihn den „Bücherschrank Weng" (wēng shūchú 翁書櫥). Er lebte als Einsiedler und unterrichtete die konfuzianische Lehre.

Xú Lóngfēi 徐龍飛 (geb. 1960), Professor für Philosophie an der Peking-University.

Xǔ Xuānpíng 許宣平 (8.Jh.), daoistischer Dichter. Er soll als Einsiedler südlich des Chángjiāng (Yangtsekiang) gelebt haben: ein Mensch von hohem Wuchs mit langem Bart und Haupthaar, der keiner Nahrung bedurfte und so schnell war wie ein galoppierendes Pferd. Es heißt, dass er geheimnisvolle Kräfte ergründete und verschiedene Arten der Faustkampfkunst praktizierte.

Mönch Yìhǎi 義海, berühmter Qín-Meister der Sòng-Zeit.

Yù Shàozé 喻紹澤 (1903-1987), Qín-Meister der Shǔ 蜀 (Sìchuān 四川)-Schule.

Yuán Méi 袁枚 (1716-1798), Beiname Suíyuán 隨園, Dichter, Befürworter der Frauen-Literatur, Gourmet und Verfasser eines bekannten chinesischen Kochbuchs, des Suíyuán shídān 隨園食單.

Zhā Shènxíng 查慎行 (1650-1727), Dichter und Literat der Qīng-Zeit.

Zēng Yùhán 曾昱晗, zeitgenössische Qín-Spielerin der Shǔ 蜀 (Sìchuān 四川)-Schule.

Zhāng Sānfēng 張三丰 (vermutl. 13. Jh.), legendäre Heldengestalt in China, Wǔdāngshān-Daoist; er gilt als Begründer des Tàijíquán.

Zhōu Lǚjìng 周履靖 (Míng-Zeit), Daoist, Dǎoyǐn-Theoretiker und Verfasser des Werkes „Mark des roten Phönix" (Chìfeng-suí 赤鳳髓).

Zhōu Qiánchuān 周潛川 (1907-1972), bedeutender Qìgōng-Meister und TCM-Gelehrter. Verfasser des Buches „Erläuterungen zur Qìgōng-Therapie mit den 12 Éméi-Sequenzen" (Qìgōng liáofǎ éméi shí´èr zhuāng shìmì 氣功療法峨眉十二椿釋密).

Zhū Quán 朱權 (1378-1448), Beiname Qúxiān 臞仙, der 17. Sohn des Míng-Kaisers Zhū Yuánzhāng 朱元璋, Daoist, Eremit, Künstler, Schauspiel-Dichter, Opern-Theoretiker, großer Qín-Gelehrter (Verfasser der Shénqí mìpǔ 神奇秘譜 und des Píng-shā luòyàn 平沙落雁), Tee-Kenner (Verfasser des Chápǔ 茶譜), Yǎngshēng-Experte (Qúxiān huórén xīnfǎ 臞仙活人心法).

Zhū Xī 朱熹 (1130-1200), Ehrentitel Zhūzi 朱子 („Meister Zhū"), bedeutendster Neo-Konfuzianer der Südlichen Sòng-Zeit.

Quellenverzeichnis

S. 17, 25-28, 32-41, 50, 102, 106-112, 134, 184-186, 192: „Alle Tang-Gedichte": Quántángshī 全唐詩, Běijīng: Zhōnghuá shūjú, 1. Auflage 1960, 2. Auflage 1979, 25 Bände.

S. 21, 22, 23: „Aufzeichnungen zur Musik" (Yuèjì 樂記), Kapitel im Buch der Riten (Lǐjì 禮記).

S. 60-82: Zhū Xī 朱熹: Jiānběn shījīng 監本詩經. Shànghǎi, 1908. Mǎ Chíyíng 馬持盈 (Kommentator und Übersetzer): Shījīng jīnzhù jīnyì 詩經今註今譯. Táiběi, 1974.

S. 85-98: Wáng Kǎ 王卡 (Bearb.): Lǎozi dàodéjīng héshànggōng zhāngjù 老子道德經河上公章句. Běijīng: Zhōnghuá shūjú, 1997.

S. 114, 152, 181: „Gedichtbuch von Sū Shì" (Sū Shì Jí 蘇軾集). In: Guóxué-wǎng 國學網 (www.guoxue.com)

S. 118: Chén Yīngníng 陳攖寧: „Methode, dem Atem zu lauschen in Zhuāngzis Fasten des Herzens" (Zhuāngzi xīnzhāi tīngxī fǎ 莊子心齋聽息法). In: Táiwān xiāndào xuéshù zīwǎng 台灣仙道學術資網 (www.taiwan.shien-dao.com.tw).

S. 120: Xiǎo Rén 曉仁: „Über die Geheimnisse des chinesischen Yǎngshēng" (Zhōngguó yǎngshēng mìtán 中國養生秘譚). Táiběi: Mǎntíngfāng 滿庭芳, 1992, S. 46-48.

S. 129, 130, 135, 137, 138, 139, 189: Wāng Màohé 汪茂和 (Hrsg.): Das chinesische Schatzwörterbuch zur Pflege des Lebens (Zhōngguó yǎngshēng bǎodiǎn 中國養生寶典), Běijīng: Zhōngguó yīyào kējì chūbǎnshè, 2. Auflage 1998, 2 Bände.

S. 132: 文化旅遊系列 (www.rthk.org.hk)

S. 140, 141, 176: Leitgedanken zu Qigong Yangsheng – in Kalligraphien von Jiao Guorui. Gisela Hildenbrand (Hrsg.); Stephan Stein, Chu Hui-lien (Übers.). Medizinisch Literarische Verlagsgesellschaft Uelzen, 2000.

S. 142, 148: Unveröffentliche Materialien zum Yǎngshēng von Jiāo Guóruì 焦國瑞.

S. 150: Zhōu Qiánchuān 周潛川: „Erläuterungen zur Qìgōng-Therapie mit 12 Éméi-Sequenzen" (Qìgōng liáofǎ éméi shí'èr zhuǎng shìmì 氣功療法峨眉十二椿釋密), Tàiyuán: Shānxī rénmín chūbǎnshè, 1960, S. 1-3.

S. 155-174: Jiāo Guóruì 焦國瑞: Einführung in das Lehrsystem Qìgōng Yǎngshēng von Jiāo Guóruì (Jiāo guóruì qìgōng yǎngshēng xué gàiyào 焦國瑞氣功養生學概要). Běijīng: Huáxià chūbǎnshè, 1997.

S. 182: Bǎi Zhì 百志: „Welche Geschichte steckt im Zhū Xīs Mein kleiner Teich" (Zhūxīde guānshū yǒugǎn háiyǒu shénme gùshì 朱熹的觀書有感還有甚麼故事). In: Dà Jì Yuán 大紀元 (www.epochtimes.com)

S. 183: 布袋和尚 siehe 佛教天地 (www.ebud.net)

S. 194: Zhào Lìhóng 趙麗宏: „Die Freude des Lesens" (Dúshū zhī lè 讀書之樂). In: Xīnmín wǎnbào 新民晚報 (www.news365.com.cn)

Chinesische Texte und Pīnyīn-Umschrift

S. 17, Wáng Wéi, Abschied am Sonnenpass

王維	wáng wéi
送元二使安西	sòng yuán èr shǐ ān xī
(陽關三疊	yáng guān sān dié)
渭城朝雨浥輕塵	wèi chéng zhāo yǔ yì qīng chén
客舍青青柳色新	kè shè qīng qīng liǔ sè xīn
勸君更盡一杯酒	quàn jūn gèng jìn yì bēi jiǔ
西出陽關無故人	xī chū yáng guān wú gù rén

S. 19, Fāng Chūnyáng, Widmung   CD track 01

方春陽	fāng chūn yáng
一卷能知天地心	yí quàn néng zhī tiān dì xīn
還從詩外細沉吟	hái cóng shī wài xì chén yín
頤生秘旨原平易	yí shēng mì zhǐ yuán píng yì
只在涵陽以配陰	zhǐ zài hán yáng yǐ pèi yīn

S. 21, Musik ist Freude   CD track 02

夫樂者樂也，	fú yuè zhě lè yě,
人情之所不能免也。	rén qíng zhī suǒ bù néng miǎn yě
樂必發於聲音，形於動靜，	lè bì fā yú shēng yīn, xíng yú dòng jìng,
人之道也。	rén zhī dào yě.
形而不爲道不耐無亂。	xíng ér bù wéi dào bú nài wú luàn.
先王恥其亂，	xiān wáng chǐ qí luàn,
故製雅頌之聲以道之。	gù zhì yǎ sòng zhī shēng yǐ dǎo zhī

S. 22, Große Musik muss einfach sein   CD track 03

大樂必易，大禮必簡。	dà yuè bì yì, dà lǐ bì jiǎn.
樂至則無怨，禮至則不爭。	yuè zhì zé wú yuàn, lǐ zhì zé bù zhēng.
揖讓而治天下者，	yī ràng ér zhì tiān xià zhě,
禮樂之謂也。	lǐ yuè zhī wèi yě.

204

S. 23, Gibt es nicht Grausamkeiten mehr im Volk   CD track 04

暴民不作，諸侯賓服，　　　　bào mín bú zuò, zhū hóu bīn fú,

兵革不試，五刑不用，　　　　bīn gé bú shì, wǔ xíng bú yòng,

百姓無患，天子不怒，　　　　bǎi xìng wú huàn, tiān zǐ bú nù,

如此，則樂達矣。　　　　　　rú cǐ, zé yuè dá yǐ.

S. 25, Qí Jǐ, In einer Herbstnacht lausche ich

齊己　　　　　　　　　　　　qí jǐ

秋夜聽業上人彈琴　　　　　　qiū yè tīng yè shàng rén tán qín

萬物都寂寂，堪聞彈正聲　　　wàn wù dōu jì jì, kān wén tán zhèng shēng

人心盡如此，天下自和平　　　rén xīn jìn rú cǐ, tiān xià zì hé píng

湘水瀉秋碧，古風吹太清　　　xiāng shuǐ xiè qiū bì, gǔ fēng chuī tài qīng

往年廬嶽奏，今夕更分明　　　wǎng nián lú yuè zòu, jīn xì gèng fēn míng

S. 26, Bái Jūyì, Qín-Spiel auf dem Boot

白居易　　　　　　　　　　　bái jū yì

船夜援琴　　　　　　　　　　chuán yè yuán qín

鳥棲魚不動，月照夜江深　　　niǎo qī yú bú dòng, yuè zhào yè jiāng shēn

身外都無事，舟中只有琴　　　shēn wài dōu wú shì, zhōu zhōng zhǐ yǒu qín

七弦爲益友，兩耳是知音　　　qī xián wéi yì yǒu, liǎng ěr shì zhī yīn

心靜即聲淡，其間無古今　　　xīn jìng jí shēng dàn, qí jiān wú gǔ jīn

S. 27, Bái Jūyì, Leben im Frühling

白居易　　　　　　　　　　　bái jū yì

履道春居　　　　　　　　　　lǚ dào chūn jū

微雨灑園林，新晴好一尋　　　wēi yǔ sǎ yuán lín, xīn qíng hǎo yì xún

低風洗池面，斜日拆花心　　　dī fēng xǐ chí miàn, xié rì chāi huā xīn

暝助嵐陰重，春添水色深　　　míng zhù lán yīn chòng, chūn tiān shuǐ sè shēn

不如陶省事，猶抱有弦琴　　　bù rú táo shěng shì, yóu bào yǒu xián qín

S. 28, Bái Jūyì, Drei Freunde am nördlichen Fenster   CD track 05

白居易　　　　　　　　　　　bái jū yì

北窗三友　　　　　　　　　　běi chuāng sān yǒu

今日北窗下，自問何所爲　　　jīn rì běi chuāng xià, zì wèn hé suǒ wéi

欣然得三友，三友者爲誰　　　xīn rán dé sān yǒu, sān yǒu zhě wéi shéi

琴罷輒舉酒，酒罷輒吟詩	qín bà zhé jǔ jiǔ, jiǔ bà zhé yín shī
三友遞相引，循環無已時	sān yǒu dì xiāng yǐn, xún huán wú yǐ shí
一彈愜中心，一詠暢四肢	yì tán qiè zhōng xīn, yì yǒng chàng sì zhī
猶恐中有間，以酒彌縫之	yóu kǒng zhōng yǒu jiàn, yǐ jiǔ mí féng zhī
豈獨吾拙好，古人多若斯	qǐ dú wú zhuó hào, gǔ rén duō ruò sī
嗜詩有淵明，嗜琴有啓期	shì shī yǒu yuān míng, shì qín yǒu qǐ qī
嗜酒有伯倫，三人皆吾師	shì jiǔ yǒu bó lún, sān rén jiē wú shī
或乏儋石儲，或穿帶索衣	huò fá dàn shí chú, huò chuān dài suǒ yī
弦歌復觴詠，樂道知所歸	xián gē fù shāng yǒng, lè dào zhī suǒ guī
三師去已遠，高風不可追	sān shī qù yǐ yuǎn, gāo fēng bù kě zhuī
三友游甚熟，無日不相隨	sān yǒu yóu shèn shú, wú rì bù xiāng suí
左擲白玉卮，右拂黃金徽	zuǒ zhí bái yù zhī, yòu fú huáng jīn huī
興酣不疊紙，走筆操狂詞	xìng hān bù dié zhǐ, zǒu bǐ cāo kuáng cí
誰能持此詞，爲我謝親知	shéi néng chí cǐ cí, wèi wǒ xiè qīn zhī
縱未以爲是，豈以我爲非	zòng wèi yǐ wéi shì, qǐ yǐ wǒ wéi fēi

S. 30, Mönch Yìhǎi , Schnell, elegant wie die Sterne des Himmels

急若繁星不亂，	jí ruò fán xīng bú luàn,
緩若流水不絕。	huǎn ruò liú shuǐ bù jué.

宋琴僧義海語	sòng qín sēng yì hǎi yǔ
丙戌歲末范煜梅敬書	bǐng wù suì mò fàn yù méi jìng shū

S. 32, Bái Jūyì, Qín

白居易	bái jū yì
琴	qín
置琴曲几上，慵坐但含情	zhì qín qǔ jī shàng, yōng zuò dàn hán qíng
何煩故揮弄，風弦自有聲	hé fán gù huī nòng, fēng xián zì yǒu shēng

S. 33, Bái Jūyì, Das Fenster zum See

白居易	bái jū yì
池窗	chí chuāng
池晚蓮芳謝，窗秋竹意深	chí wǎn lián fāng xiè, chuāng qiū zhú yì shēn
更無人作伴，唯對一張琴	gèng wú rén zuò bàn, wéi duì yì zhāng qín

S. 34, Bái Jūyì, Liebenswert, der Qín zu lauschen   CD track 06

白居易	bái jū yì
好聽琴	hào tīng qín
本性好絲桐，	běn xìng hào sī tóng,
塵機聞即空。	chén jī wén jí kōng.
一聲來耳里，	yì shēng lái ěr lǐ,
萬事離心中。	wàn shì lí xīn zhōng.
清暢堪銷疾，	qīng chàng kān xiāo jí,
恬和好養蒙。	tián hé hào yǎng méng.
尤宜聽三樂，	yóu yí tīng sān lè,
安慰白頭翁。	ān wèi bái tóu wēng.

S. 36, Mèng Jiāo, Der Qín lauschen   CD track 07

孟郊	mèng jiāo
聽琴	tīng qín
颯颯微雨收，翻翻梧葉鳴	sà sà wēi yǔ shōu, fān fān wú yè míng
月沉亂峰西，寥落三四星	yuè chén luàn fēng xī, liáo luò sān sì xīng
前溪忽調琴，隔林寒錚錚	qián xī hū tiáo qín, gé lín hán chēng chēng
聞彈正弄聲，不敢枕上聽	wén tán zhèng nòng shēng, bù gǎn zhěn shàng tīng
回燭整頭簪，漱泉立中庭	huí zhú zhěng tóu zān, shù quán lì zhōng tíng
定步履齒深，貌禪目冥冥	dìng bù jī chǐ shēn, mào chán mù míng míng
微風吹衣襟，亦認宮徵聲	wēi fēng chuī yī jīn, yì rèn gōng zhǐ shēng
學道三十年，未免憂死生	xué dào sān shí nián, wèi miǎn yōu sǐ shēng
聞彈一夜中，會盡天地情	wén tán yí yè zhōng, huì jìn tiān dì qíng

S. 38, Lǐ Qí, Qín-Lied   CD track 08

李頎	lǐ qí
琴歌	qín gē
主人有酒歡今夕，	zhǔ rén yǒu jiǔ huān jīn xì,
請奏鳴琴廣陵客。	qǐng zòu míng qín guǎng líng kè.
月照城頭烏半飛，	yuè zhào chéng tóu wū bàn fēi,
霜淒萬樹風入衣。	shuāng qī wàn shù fēng rù yī,
銅鑪華燭燭增輝，	tóng lú huá zhú zhú zēng huī,
初彈淥水後楚妃。	chū tán lù shuǐ hòu chǔ fēi.

一聲已動物皆靜， yì shēng yǐ dòng wù jiē jìng,
四座無言星欲稀。 sì zuò wú yán xīng yù xī.
清淮奉使千餘里， qīng huái fèng shǐ qiān yú lǐ,
敢告雲山從此始。 gǎn gào yún shān cóng cǐ shǐ.

S. 41, Cháng Jiàn, Ich hörte in einer Herbstnacht die Qín

常建 cháng jiàn
聽琴秋夜贈寇尊師 tīng qín qiū yè zèng kòu zūn shī
琴當秋夜聽，況是洞中人 qín dāng qiū yè tīng, kuàng shì dòng zhōng rén
一指指應法，一聲聲爽神 yì zhǐ zhǐ yìng fǎ, yì shēng shēng shuǎng shén
寒蟲臨砌急，清吹裊燈頻 hán chóng lín qì jí, qīng chuī niǎo dēng pín
何必鐘期耳，高閑自可親 hé bì zhōng qī ěr, gāo xián zì kě qīn

S. 43, Xú Lóngfēi, Hymne auf den Vogelsberg   CD track 09

徐龍飛 xú lóng fēi
暗香疏影月初春 àn xiāng shū yǐng yuè chū chūn
山徑空凌橫亂雲 shān jìng kōng líng héng luàn yún
鳥聲啼過無痕跡 niǎo shēng tí guò wú hén jī
唯有琴歌伴琴心 wéi yǒu qín gē bàn qín xīn

S. 44, Xú Lóngfēi, Beim Treffen der Freunde der Qín lauschen
                                        nur chinesisch: CD track 10

徐龍飛 xú lóng fēi
七律 · 雅集聽琴，致何靜文 qī lǜ yǎ jí tīng qín, zhì hé jìng wén
陽關折柳尚沈吟， yáng guān zhé liǔ shàng chén yín
欸乃一聲水雲深。 ǎo ǎi yì shēng shuǐ yún shēn
鷗鷺忘機相逐下， ōu lù wàng jī xiāng zhú xià
廣陵散成泣古今。 guǎng líng sǎn chéng qì gǔ jīn
醉漁未醒江心月， zuì yú wèi xǐng jiāng xīn yuè
蛺蝶曾尋夢中人。 jiá dié céng xún mèng zhōng rén
誰道無情絲與木， shéi dào wú qíng sī yǔ mù
指間撥灑動乾坤。 zhǐ jiān bō sǎ dòng qián kūn

2004年6月11日於北京大學治貝子園
èr líng líng sì nián liù yuè shí yī rì yú běijīng dà xué zhì bèi zǐ yuán

S. 46, Xú Lóngfēi, Einsame Orchidee, Widmung West-östlich   CD track 11

徐龍飛	xú lóng fēi
七律・幽蘭，	qī lǜ・yōu lán,
祝曼大墨君生日快樂	zhù màn dà mò jūn shēng rì kuaì lè
仲尼昔日作幽蘭	zhòng ní xī rì zuò yōu lán
花萼相輝深谷間	huā è xiāng huī shēn gǔ jiān
有鳳來儀山鳥靜	yǒu fèng lái yí shān niǎo jìng
無邊春色白雲閑	wú biān chūn sè bái yún xián
最喜前賢誇銀杏	zuì xǐ qián xián kuā yín xìng
還將瓜豆栽滿園	hái jiāng guā dòu zāi mǎn yuán
人生笑對風和雨	rén shēng xiào duì fēng hé yǔ
更聽今日撫絲弦	gèng tīng jīn rì fǔ sī xián

S. 49, Fāng Chūnyáng, Widmung: Selten noch spielt man den „Sonnenfrühling"

方春陽	fāng chūn yáng
白雪陽春秘不傳，	bái xuě yáng chūn mì bù chuán,
絲桐韻遠出天然。	sī tóng yùn yuǎn chū tiān rán.
廣陵絕響今誰嗣？	guǎng líng jué xiǎng jīn shéi sì?
萬古風流屬德賢！	wàn gǔ fēng liú shǔ dé xián.

S. 50, Lǐ Tàibó, Mond über dem Passberg   CD track 12

李太白	lǐ tài bó
關山月	guān shān yuè
明月出天山，蒼茫雲海間	míng yuè chū tiān shān, cāng máng yún hǎi jiān
長風幾萬里，吹度玉門關	cháng fēng jǐ wàn lǐ, chuī dù yù mén guān
漢下白登道，胡窺青海灣	hàn xià bái dēng dào, hú kuī qīng hǎi wān
由來征戰地，不見有人還	yóu lái zhēng zhàn dì, bú jiàn yǒu rén huán
戍客望邊色，思歸多苦顏	shù kè wàng biān sè, sī guī duō kǔ yán
高樓當此夜，嘆息未應閑	gāo lóu dāng cǐ yè, tàn xī wèi yīng xián

S. 52, Das Lamento der Wáng Zhāojūn, Lóngshuò Cāo   CD track 13

龍朔操	lóng shuò cāo
含恨別君撫心長嘆	hán hèn bié jūn fǔ xīn cháng tàn
掩涕出宮遠辭漢闕	yǎn tì chū gōng yuǎn cí hàn què
結好醜虜以安漢室	jié hǎo chǒu lǔ yǐ ān hàn shì
別淚雙垂無言自痛	bié lèi shuāng chuí wú yán zì tòng
萬里長驅重陰漠漠	wàn lǐ cháng qū chóng yīn mò mò
夜聞胡笳不勝悽惻	yè wén hú jiā bú shèng qī cè
明妃痛哭群胡衆歌	míng fēi tòng kū qún hú zhòng gē
日對腥羶愁塡塞漢	rì duì xīng shān qiú tián sè hàn

S. 54, Lange Klarheit, Cháng Qīng   CD track 14

長清	cháng qīng
乾坤清氣	qián kūn qīng qì
雪天清曉	xuě tiān qīng xiǎo
雪霰交飛	xuě xiàn jiāo fēi
山河一色	shān hé yí sè
日麗中天	rì lì zhōng tiān
風鼓瓊林	fēng gǔ qióng lín
江山如畫	jiāng shān rú huà
雪消崖谷	xuě xiāo yá gǔ
萬壑回春	wàn huò huí chūn

S. 56, Wind und Donner   CD track 15

徐龍飛	xú lóng fēi
七律 · 風雷引	qī lǜ fēng léi yǐn
悄然壁立日日新	qiāo rán bì lì rì rì xīn
絕響橫陳閱古今	jué xiǎng héng chén yuè gǔ jīn
指上輕雷春色動	zhǐ shàng qīng léi chūn sè dòng
絲中清氣鶴聲吟	sī zhōng qīng qì hè shēng yín
天風獵獵雲飄袂	tiān fēng liè liè yún piāo mèi
古聖諄諄語沁心	gǔ shèng zhūn zhūn yǔ qìn xīn
君子從來親萬物	jūn zǐ cóng lái qīn wàn wù
而今更愛一張琴	ér jīn gèng ài yì zhāng qín

S. 60, Buch der Lieder Nr. 6, Pfirsich im Jahreskreis – Vom Mädchen zur Frau

詩經，桃夭	shī jīng, táo yāo
桃之夭夭，灼灼其華。	táo zhī yāo yāo, zhuó zhuó qí huā.
之子于歸，宜其室家。	zhī zǐ yú guī, yí qí shì jiā.
桃之夭夭，有蕡其實。	táo zhī yāo yāo, yǒu fén qí shí.
之子于歸，宜其家室。	zhī zǐ yú guī, yí qí jiā shì.
桃之夭夭，其葉蓁蓁。	táo zhī yāo yāo, qí yè zhēn zhēn.
之子于歸，宜其家人。	zhī zǐ yú guī, yí qí jiā rén.

S. 62, Buch der Lieder Nr. 48, Die drei Schönen des verliebten Erntehelfers
von Mèi   CD track 16

詩經，桑中	shī jīng, sāng zhōng
爰采唐矣，沫之鄉矣，	yuán cǎi táng yǐ, mèi zhī xiāng yǐ,
云誰之思？美孟姜矣。	yún shé zhī sī? měi mèng jiāng yǐ.
期我乎桑中，要我乎上宮	qī wǒ hū sāng zhōng, yāo wǒ hū shàng gōng
送我乎淇之上矣。	sòng wǒ hū qí zhī shàng yǐ.
爰采麥矣，沫之北矣，	yuán cǎi mài yǐ, mèi zhī běi yǐ,
云誰之思？美孟弋矣。	yún shé zhī sī? měi mèng yì yǐ.
期我乎桑中，要我乎上宮	qī wǒ hū sāng zhōng, yāo wǒ hū shàng gōng
送我乎淇之上矣 。	sòng wǒ hū qí zhī shàng yǐ.
爰采葑矣，沫之東矣，	yuán cǎi fēng yǐ, mèi zhī dōng yǐ,
云誰之思？美孟庸矣。	yún shé zhī sī? měi mèng yōng yǐ.
期我乎桑中，要我乎上宮	qī wǒ hū sāng zhōng, yāo wǒ hū shàng gōng
送我乎淇之上矣。	sòng wǒ hū qí zhī shàng yǐ.

S. 64, Buch der Lieder Nr. 63, Wünsche eines armen Mädchens
S. 64, Buch der Lieder Nr. 63, Besorgte Ehefrau

詩經，有狐	shī jīng, yǒu hú
有狐綏綏，在彼淇梁。	yǒu hú suī suī, zài bǐ qí liáng.
心之憂矣，之子無裳！	xīn zhī yōu yǐ, zhī zǐ wú cháng!
有狐綏綏，在彼淇厲。	yǒu hú suī suī, zài bǐ qí lì.
心之憂矣，之子無帶！	xīn zhī yōu yǐ, zhī zǐ wú dài!
有狐綏綏，在彼淇側。	yǒu hú suī suī, zài bǐ qí cè.
心之憂矣，之子無服！	xīn zhī yōu yǐ, zhī zǐ wú fú!

S. 66, Buch der Lieder Nr. 133, Lied eines einsamen optimistischen Liebhabers am Fluss

詩經，江有汜	shī jīng, jiāng yǒu sì
江有汜，之子歸，不我以	jiāng yǒu sì. zhī zǐ guī, bù wǒ yǐ;
不我以，其後也悔	bù wǒ yǐ, qí hòu yě huǐ
江有渚，之子歸，不我與	jiāng yǒu zhǔ. zhī zǐ guī, bù wǒ yǔ;
不我與，其後也處	bù wǒ yǔ, qí hòu yě chǔ
江有沱，之子歸，不我過	jiāng yǒu tuó. zhī zǐ guī, bù wǒ guò;
不我過，其嘯也歌	bù wǒ guò, qí xiào yě gē

S. 68, Buch der Lieder Nr. 65, Schreitgesang eines Trauernden   CD track 17

詩經，黍離	shī jīng, shǔ lí
彼黍離離，彼稷之苗。	bǐ shǔ lí lí, bǐ jì zhī miáo.
行邁靡靡，中心搖搖。	xíng mài mǐ mǐ, zhōng xīn yáo yáo.
知我者，謂我心憂；	zhī wǒ zhě, wèi wǒ xīn yōu;
不知我者，謂我何求。	bù zhī wǒ zhě, wèi wǒ hé qiú.
悠悠蒼天，此何人哉！	yōu yōu cāng tiān, cǐ hé rén zāi!
彼黍離離，彼稷之穗。	bǐ shǔ lí lí, bǐ jì zhī suì.
行邁靡靡，中心如醉。	xíng mài mǐ mǐ, zhōng xīn rú zuì.
知我者，謂我心憂；	zhī wǒ zhě, wèi wǒ xīn yōu;
不知我者，謂我何求。	bù zhī wǒ zhě, wèi wǒ hé qiú.
悠悠蒼天，此何人哉！	yōu yōu cāng tiān, cǐ hé rén zāi!
彼黍離離，彼稷之實。	bǐ shǔ lí lí, bǐ jì zhī shí.
行邁靡靡，中心如噎。	xíng mài mǐ mǐ, zhōng xīn rú yē.
知我者，謂我心憂；	zhī wǒ zhě, wèi wǒ xīn yōu;
不知我者，謂我何求。	bù zhī wǒ zhě, wèi wǒ hé qiú
悠悠蒼天，此何人哉！	yōu yōu cāng tiān, cǐ hé rén zāi!

S. 70, Buch der Lieder Nr. 68, Was der Mensch zusammenbündelt – kann Natur nicht trennen

詩經，揚之水	shī jīng, yáng zhī shuǐ
揚之水，不流束薪。	yáng zhī shuǐ, bù liú shù xīn
彼其之子，不與我戍申。	bǐ qí zhī zǐ, bù yǔ wǒ shù shēn.
懷哉懷哉，曷月予還歸哉	huái zāi huái zāi, hé yuè yǔ huán guī zāi

揚之水，不流束楚。　yáng zhī shuǐ, bù liú shù chǔ

彼其之子，不與我戍甫。　bǐ qí zhī zǐ, bù yǔ wǒ shù fǔ

懷哉懷哉，曷月予還歸哉　huái zāi huái zāi, hé yuè yǔ huán guī zāi

揚之水，不流束蒲。　yáng zhī shuǐ, bù liú shù pú

彼其之子，不與我戍許。　bǐ qí zhī zǐ, bù yǔ wǒ shù xǔ

懷哉懷哉，曷月予還歸哉　huái zāi huái zāi, hé yuè yǔ huán guī zāi

S. 72, Buch der Lieder Nr. 125, Rondo eines Erntehelfers auf die Schwätzer

CD track 18

詩經，采苓　shī jīng, cǎi líng

采苓采苓，首陽之巔。　cǎi líng cǎi líng, shǒu yáng zhī diān

人之爲言，苟亦無信。　rén zhī wéi yán, gǒu yì wú xìn

舍旃舍旃，苟亦無然。　shě zhān shě zhān, gǒu yì wú rán.

人之爲言，胡得焉？　rén zhī wéi yán, hú dé yān

采苦采苦，首陽之下。　cǎi kǔ cǎi kǔ, shǒu yáng zhī xià

人之爲言，苟亦無與。　rén zhī wéi yán, gǒu yì wú yǔ

舍旃舍旃，苟亦無然。　shě zhān shě zhān, gǒu yì wú rán.

人之爲言，胡得焉？　rén zhī wéi yán, hú dé yān

采葑采葑，首陽之東。　cǎi fēng cǎi fēng, shǒu yáng zhī dōng

人之爲言，苟亦無從。　rén zhī wéi yán, gǒu yì wú cóng

舍旃舍旃，苟亦無然。　shě zhān shě zhān, gǒu yì wú rán.

人之爲言，胡得焉？　rén zhī wéi yán, hú dé yān

S. 74, Buch der Lieder Nr. 139, Sänger, Poet und Liebhaber am Osttor

詩經，東門之池　shī jīng, dōng mén zhī chí

東門之池，可以漚麻；　dōng mén zhī chí, kě yǐ òu má;

彼美淑姬，可與晤歌。　bǐ měi shú jī, kě yǔ wù gē.

東門之池，可以漚紵；　dōng mén zhī chí, kě yǐ òu zhù;

彼美淑姬，可與晤語。　bǐ měi shú jī, kě yǔ wù yǔ.

東門之池，可以漚菅；　dōng mén zhī chí, kě yǐ òu jiān;

彼美淑姬，可與晤言。　bǐ měi shú jī, kě yǔ wù yán.

S. 76, Buch der Lieder Nr. 175, Einen roten Bogen unbespannt

詩經，彤弓　　　　　　　　shī jīng, tóng gōng

彤弓弨兮，受言藏之。　　　tóng gōng chāo xī, shòu yán cáng zhī.

我有嘉賓，中心貺之。　　　wǒ yǒu jiā bīn, zhōng xīn kuàng zhī.

鐘鼓既設，一朝饗之。　　　zhōng gǔ jí shè, yì zhāo xiǎng zhī.

彤弓弨兮，受言載之。　　　tóng gōng chāo xī, shòu yán zài zhī.

我有嘉賓，中心喜之。　　　wǒ yǒu jiā bīn, zhōng xīn xǐ zhī.

鐘鼓既設，一朝右之。　　　zhōng gǔ jí shè, yì zhāo yòu zhī.

彤弓弨兮，受言櫜之。　　　tóng gōng chāo xī, shòu yán gāo zhī.

我有嘉賓，中心好之。　　　wǒ yǒu jiā bīn, zhōng xīn hào zhī.

鐘鼓既設，一朝醻之。　　　zhōng gǔ jí shè, yì zhāo chóu zhī.

S. 78, Buch der Lieder Nr. 182, Erwartung

詩經，庭燎　　　　　　　　shī jīng, tíng liáo

夜如何其？　　　　　　　　yè rú hé jī?

夜未央，庭燎之光。　　　　yè wèi yāng, tíng liáo zhī guāng.

君子至止，鸞聲將將。　　　jūn zǐ zhì zhǐ, lián shēng qiāng qiāng

夜如何其？　　　　　　　　yè rú hé jī?

夜未艾，庭燎晢晢。　　　　yè wèi ài, tíng liáo zhì zhì.

君子至止，鸞聲噦噦。　　　jūn zǐ zhì zhǐ, lián shēng huì huì.

夜如何其？　　　　　　　　yè rú hé jī?

夜鄉晨，庭燎有輝。　　　　yè xiàng chén, tíng liáo yǒu huī.

君子至止，言觀其旂。　　　jūn zǐ zhì zhǐ, yán guān qí qí.

S. 81, Buch der Lieder Nr. 206, Versuch nicht, einen großen Wagen vor Dir
herzudrücken
CD track 19

詩經，無將大車　　　　　　shī jīng, wú jiāng dà jū

無將大車，祇自塵兮！　　　wú jiāng dà jū, zhī zì chén xī!

無思百憂，祇自疧兮！　　　wú sī bǎi yōu, zhī zì dǐ xī!

無將大車，維塵冥冥；　　　wú jiāng dà jū, wéi chén míng míng;

無思百憂，不出于熲。　　　wú sī bǎi yōu, bù chū yú gěng.

無將大車，維塵雝兮！　　　wú jiāng dà jū, wéi chén yǒng xī!

無思百憂，祇自重兮！　　　wú sī bǎi yōu, zhī zì chóng xī!

214

S. 82, Buch der Lieder Nr. 208, Man schlägt die Glocken

詩經，鼓鐘	shī jīng, gǔ zhōng
鼓鐘將將，淮水湯湯，	gǔ zhōng jiāng jiāng, huái shuǐ shāng shāng.
憂心且傷。	yōu xīn qiě shāng.
淑人君子，懷允不忘。	shú rén jūn zi, huái yǔn bú wàng.
鼓鍾嘈嘈，淮水湝湝，	gǔ zhōng jiē jiē, huái shuǐ jiē jiē.
憂心且悲。	yōu xīn qiě bēi,
淑人君子，其德不回。	shú rén jūn zi, qí dé bù huí.
鼓鍾伐鼛，淮有三洲，	gǔ zhōng fá gāo, huái yǒu sān zhōu,
憂心且妯。	yōu xīn qiě chōu,
淑人君子，其德不猶。	shú rén jūn zi, qí dé bù yóu,
鼓鍾欽欽，鼓瑟鼓琴，	gǔ zhōng qīn qīn, gǔ sè gǔ qín,
笙磬同音。	shēng qìng tóng yīn,
以雅以南，以籥不僭。	yǐ yǎ yǐ nán, yǐ yuè bú jiàn.

S. 85, Lǎozi: Dào Dé Jīng Nr. 5, Menschliches nicht besitzen Himmel und Erde

老子道德經，第五章	lǎo zi, dào dé jīng, dì wǔ zhāng
天地不仁，以萬物爲芻狗；	tiān dì bù rén, yǐ wàn wù wéi chú gǒu.
聖人不仁，以百姓爲芻狗。	shèng rén bù rén, yǐ bǎi xìng wéi chú gǒu.
天地之間，其猶橐籥乎？	tiān dì zhī jiān, qí yóu tuó yuè hū?
虛而不屈，動而愈出。	xū ér bù qū, dòng ér yù chū.
多言數窮，不如守中。	duō yán shù qióng, bù rú shǒu zhōng.

S. 86, Lǎozi: Dào Dé Jīng Nr. 8, Es gleicht dem Wasser jenes Menschen Seele

老子道德經，第八章	lǎo zi, dào dé jīng, dì bā zhāng
上善若水。	shàng shàn ruò shuǐ.
水善利萬物而不爭，	shuǐ shàn lì wàn wù ér bù zhēng,
處眾人之所惡，	chǔ zhòng rén zhī suǒ wù,
故幾於道。	gù jī yú dào.
居善地，心善淵，	jū shàn dì, xīn shàn yuān,
與善仁，言善信，	yǔ shàn rén, yán shàn xìn,
政善治，事善能，	zhèng shàn zhì, shì shàn néng,
動善時。	dòng shàn shí.
夫唯不爭，故無尤。	fú wéi bù zhēng, gù wú yóu.

S. 87, Lǎozi: Dào Dé Jīng Nr. 12, Blind wird ein Auge durch ein Zuviel an der Pracht der 5 Farben

老子道德經，第十二章	lǎo zi, dào dé jīng, dì shí èr zhāng
五色令人目盲，	wǔ sè lìng rén mù máng;
五音令人耳聾，	wǔ yīn lìng rén ěr lóng;
五味令人口爽，	wǔ wèi lìng rén kǒu shuǎng;
馳騁田獵，令人心發狂，	chí chěng tián liè, lìng rén xīn fā kuáng;
難得之貨，令人行妨。	nán dé zhī huò, lìng rén xíng fáng.
是以聖人爲腹，不爲目。	shì yǐ shèng rén wéi fù bù wéi mù,
故去彼取此。	gù qù bǐ qǔ cǐ.

S. 88, Lǎozi: Dào Dé Jīng Nr. 14, Etwas erblicken wollen

老子道德經，第十四章	lǎo zi, dào dé jīng, dì shí sì zhāng
視之不見名曰夷，	shì zhī bú jiàn míng yuē yí,
聽之不聞名曰希，	tīng zhī bù wén míng yuē xī,
搏之不得名曰微。	bó zhī bù dé míng yuē wēi.
此三者不可致詰，	cǐ sān zhě bù kě zhì jié,
故混而爲一。	gù hùn ér wéi yī.
其上不皦，其下不昧，	qí shàng bù jiǎo, qí xià bú mèi,
繩繩不可名，復歸於無物。	shéng shéng bù kě míng, fù guī yú wú wù.
是謂無狀之狀，無物之象，	shì wèi wú zhuàng zhī zhuàng, wú wù zhī xiàng.
是謂忽恍。	shì wèi hū huǎng.
迎之不見其首，	yíng zhī bú jiàn qí shǒu,
隨之不見其後，	suí zhī bú jiàn qí hòu.
執古之道，以御今之有，	zhí gǔ zhī dào, yǐ yù jīn zhī yǒu.
以知古始，是謂道紀。	yǐ zhī gǔ shǐ, shì wèi dào jì.

S. 90, Lǎozi: Dào Dé Jīng Nr. 25, Ein Wesen gibt es   CD track 20

老子道德經，第二十五章	lǎo zi, dào dé jīng, dì èr shí wǔ zhāng
有物混成，先天地生。	yǒu wù hùn chéng, xiān tiān dì shēng.
寂兮寥兮，獨立而不改，	jì xī liáo xī, dú lì ér bù gǎi,
周行而不殆，可以爲天下母，	zhōu xíng ér bú dài, kě yǐ wéi tiān xià mǔ.
吾不知其名，字之曰道。	wú bù zhī qí míng, zì zhī yuē dào,
強爲之名曰大。	qiáng wèi zhī míng yuē dà.

大曰逝，逝曰遠，遠曰反，　　　　dà yuē shì, shì yuē yuǎn, yuǎn yuē fǎn.
故道大、天大、地大、人亦大。　gù dào dà, tiān dà, dì dà, rén yì dà.
域中有四大，而人居其一焉。　　yù zhōng yǒu sì dà, ér rén jū qí yī yān.
人法地，地法天，天法道，　　　rén fǎ dì, dì fǎ tiān, tiān fǎ dào,
道法自然。　　　　　　　　　　dào fǎ zì rán.

S. 92, Lǎozi: Dào Dé Jīng Nr. 32, Ewig ist es, das Dào CD track 21

老子道德經，第三十二章　　　lǎo zi, dào dé jīng, dì sān shí èr zhāng
道常無名，　　　　　　　　　dào cháng wú míng,
樸雖小，天下莫能臣也。　　　pǔ suī xiǎo, tiān xià mò néng chén yě.
候王若能守之，　　　　　　　hóu wáng ruò néng shǒu zhī,
萬物將自賓。　　　　　　　　wàn wù jiāng zì bīn.
天地相合，以降甘露，　　　　tiān dì xiāng hé, yǐ jiàng gān lù,
民莫之令而自均。　　　　　　míng mò zhī lìng ér zì jūn.
始制有名。　　　　　　　　　shǐ zhì yǒu míng,
名亦既有，夫亦將知止。　　　míng yì jì yǒu, fū yì jiāng zhī zhǐ.
知止可以不殆。　　　　　　　zhī zhǐ kě yǐ bú dài.
譬道之在天下，　　　　　　　pì dào zhī zài tiān xià,
猶川谷之於江海。　　　　　　yóu chuān gǔ zhī yú jiāng hǎi.

S. 93, Lǎozi: Dào Dé Jīng Nr. 40, Im Immer Wiederkehren liegt das Dào

老子道德經，第四十章　　　lǎo zi, dào dé jīng, dì sì shí zhāng
反者道之動，　　　　　　　fǎn zhě dào zhī dòng,
弱者道之用。　　　　　　　ruò zhě dào zhī yòng.
天下萬物生於有，　　　　　tiān xià wàn wù shēng yú yǒu,
有生於無。　　　　　　　　yǒu shēng yú wú.

S. 95, Lǎozi: Dào Dé Jīng Nr. 42, Aus dem Dào wird die Eins geboren

老子道德經，第四十二章　　lǎo zi, dào dé jīng, dì sì shí èr zhāng
道生一，一生二，二生三，　dào shēng yī, yī shēng èr, èr shēng sān,
三生萬物。　　　　　　　　sān shēng wàn wù.
萬物負陰而抱陽，　　　　　wàn wù fù yīn ér bào yáng,
沖氣以爲和。　　　　　　　chōng qì yǐ wéi hé.

S. 96, Lǎozi: Dào Dé Jīng Nr. 45, Als unvollendet erscheine das hoch Vollendete

老子道德經，第四十五章　　　lǎo zi, dào dé jīng, dì sì shí wǔ zhāng
大成若缺，其用不弊；　　　　dà chéng ruò quē, qí yòng bú bì.
大盈若沖，其用不窮。　　　　dà yíng ruò chōng, qí yòng bù qióng.
大直若屈，大巧若拙，　　　　dà zhí ruò qū, dà qiǎo ruò zhuó,
大辯若訥。　　　　　　　　　dà biàn ruò nè.
躁勝寒，靜則熱，　　　　　　zào shèng hán, jìng zé rè,
清靜爲天下正。　　　　　　　qīng jìng wéi tiān xià zhèng.

S. 97, Lǎozi: Dào Dé Jīng Nr. 48, Um des Lernens willen steigere dich, täglich
mehr und mehr   CD track 22

老子道德經，第四十八章　　　lǎo zi, dào dé jīng, dì sì shí bā zhāng
爲學日益，爲道日損。　　　　wéi xué rì yì, wéi dào rì sǔn.
損之又損，以至於無爲，　　　sǔn zhī yòu sǔn, yǐ zhì yú wú wéi.
無爲而無不爲。　　　　　　　wú wéi ér wú bù wéi.
取天下常以無事，　　　　　　qǔ tiān xià cháng yǐ wú shì,
及其有事，不足以取天下。　　jí qí yǒu shì, bù zú yǐ qǔ tiān xià.

S. 98, Lǎozi: Dào Dé Jīng Nr. 78, Weicheres, Schwächeres wirst Du nicht
schauen   CD track 23

老子道德經，第七十八章　　　lǎo zi, dào dé jīng, dì qī shí bā zhāng
天下莫柔弱於水，　　　　　　tiān xià mò róu ruò yú shuǐ,
而攻堅強者莫之能勝，　　　　ér gōng jiān qiáng zhě mò zhī néng shèng,
以其無以易之。　　　　　　　yǐ qí wú yǐ yì zhī.
弱之勝強，柔之勝剛，　　　　ruò zhě shèng qiáng, róu zhě shèng gāng,
天下莫不知，莫能行。　　　　tiān xià mò bù zhī, mò néng xíng.

S. 102, Bái Jūyì, Dem Geschmack des Dào nachsinnen   CD track 24

白居易　　　　　　　　　　　bái jū yì
味道　　　　　　　　　　　　　wèi dào
叩齒晨興秋院靜，　　　　　　kòu chǐ chén xīng qiū yuàn jìng,
焚香冥坐晚窗深。　　　　　　fén xiāng míng zuò wǎn chuāng shēn.
七篇眞誥論仙事，　　　　　　qī piān zhēn gào lùn xiān shì,
一卷檀經說佛心。　　　　　　yí quàn tán jīng shuō fó xīn.
此日盡知前境妄，　　　　　　cǐ rì jìn zhī qián jìng wàng,

218

多生曾被外塵侵。　　　　duō shēng céng bèi wài chén qīn.
自嫌習性猶殘處，　　　　zì xián xí xìng yóu cán chù,
愛詠閑詩好聽琴。　　　　ài yǒng xián shī hào tīng qín.

S. 104, Zēng Yùhán, Die Qín repräsentiert das Dào

琴者爲道爲器　　　　　　qín zhě wéi dào wéi qì
貴在得心應手　　　　　　guì zài dé xīn yìng shǒu

蜀派琴人曾昱晗 撰　　　shǔ pài qín rén zēng yù hán zhuàn
范煜梅書於丙戌歲末　　　fàn yù méi shū yú bǐng wù suì mò

S. 106, Bái Jūyì, Sitzen in Stille   CD track 25

白居易　　　　　　　　　bái jū yì
靜坐詩　　　　　　　　　jìng zuò shī
負暄閉目坐，和氣生肌膚　fù xuān bì mù zuò, hé qì shēng jī fū.
初似飲醇醪，又如蟄若蘇　chū sì yǐn chún láo, yòu rú zhé ruò sū.
外融百骸暢，中適一念無　wài róng bǎi hái chàng, zhōng shì yí niàn wú
曠然忘所在，心與虛空俱　kuàng rán wàng suǒ zài, xīn yǔ xū kòng jù.

S. 107, Bái Jūyì, Nach dem Mahl – Meditation nach dem Mittagsschlaf

白居易　　　　　　　　　bái jū yì
食后　　　　　　　　　　shí hòu
食罷一覺睡，起來兩甌茶　shí bà yí jiào shuì, qǐ lái liǎng ōu chá.
舉頭望日影，已復西南斜　jǔ tóu wàng rì yǐng, yǐ fù xī nán xié.
樂人惜日促，憂人厭年賒　lè rén xí rì cù, yōu rén yàn nián shē
無憂無樂者，長短任生涯　wú yōu wú lè zhě, cháng duǎn rèn shēng yá

S. 108, Bái Jūyì, Weg mit den Medikamenten

白居易　　　　　　　　　bái jū yì
罷藥　　　　　　　　　　bà yào
自學坐禪休服藥，　　　　zì xué zuò chán xiū fú yào,
從他時複病沈沈。　　　　cóng tā shí fù bìng chén chén.
此身不要全強健，　　　　cǐ shēn bú yào quán qiáng jiàn,
強健多生人我心。　　　　qiáng jiàn duō shēng rén wǒ xīn.

S. 109, Bái Jūyì, Fragen der Jugend

白居易	bái jū yì
少年問	shào nián wèn
少年怪我問如何，	shào nián guài wǒ wèn rú hé,
何事朝朝醉復歌。	hé shì zhāo zhāo zuì fù gē.
號作樂天應不錯，	hào zuò lè tiān yīng bú cuò,
憂愁時少樂時多。	yōu chóu shí shǎo lè shí duō.

S. 110, Bái Jūyì, Vergangenheitsgedenken   CD track 26

白居易	bái jū yì
思舊	sī jiù
閑日一思舊，舊遊如目前	xián rì yì sī jiù, jiù yóu rú mù qián
再思今何在，零落歸下泉	zài sī jīn hé zài, líng luò guī xià quán
退之服硫黃，一病訖不痊	tuì zhī fú liú huáng, yí bìng qì bù quán
微之煉秋石，未老身溘然	wēi zhī liàn qiū shí, wèi lǎo shēn kè rán
杜子得丹訣，終日斷腥膻	dù zǐ dé dān jué, zhōng rì duàn xīng shān
崔君誇藥力，經冬不衣棉	cuī jūn kuā yào lì, jīng dōng bù yī mián
或疾或暴夭，悉不過中年	huò jí huò bào yāo, xī bú guò zhōng nián
唯予不服食，老命反遲延	wéi yú bù fú shí, lǎo mìng fǎn chí yán
況在少壯時，亦爲嗜欲牽	kuàng zài shào zhuàng shí, yì wéi shì yù qiān
但耽葷與血，不識汞與鉛	dàn dān hūn yǔ xuè , bù shí gǒng yǔ qiān
饑來吞熱物，渴來飲寒泉	jī lái tūn rè wù, kě lái yǐn hán quán
詩役五藏神，酒汨三丹田	shī yì wǔ càng shén jiǔ gǔ sān dān tián
隨日合破壞，至今粗完全	suí rì hé pò huài, zhì jīn cū wán quán
齒牙未缺落，肢體尚輕便	chǐ yá wèi quē luò, zhī tǐ shàng qīng biàn
已開第七秩，飽食仍安眠	yǐ kāi dì qī zhì, bǎo shí réng ān mián
且進杯中物，其餘皆付天	qiě jìn bēi zhōng wù, qí yú jiē fù tiān

S. 112, Bái Jūyì, Die Pflege der Unbrauchbarkeit   CD track 27

白居易	bái jū yì
養拙	yǎng zhuó
鐵柔不爲劍，木曲不爲轅。	tiě róu bù wéi jiàn, mù qū bù wéi yuán.
今我亦如此，愚蒙不及門。	jīn wǒ yì rú cǐ, yú méng bù jí mén.
甘心謝名利，滅跡歸丘園。	gān xīn xiè míng lì, miè jī guī qiū yuán

坐臥茅茨中，但對琴與樽。　zuò wò máo cí zhōng, dàn duì qín yǔ zūn

身去韁鎖累，耳辭朝市喧。　shēn qù jiāng suǒ lěi, ěr cí zhāo shì xuān

逍遙無所爲，時窺五千言。　xiāo yáo wú suǒ wéi, shí kuī wǔ qiān yán

無憂樂性場，寡欲清心源。　wú yōu lè xìng chǎng, guǎ yù qīng xīn yuán

始知不才者，可以探道根。　shǐ zhī bù cái zhě, kě yǐ tàn dào gēn

S. 114, Sū Dōngpō, Ich lausche dem Qín-Stück Hè Ruò, gespielt vom Daoisten Wǔ

清風終日自開簾，　qīng fēng zhōng rì zì kāi lián,

涼月今宵肯掛簷。　liáng yuè jīn xiāo kěn guà yán.

琴里若能知賀若，　qín lǐ ruò néng zhī hè ruò,

詩中定合愛陶潛。　shī zhōng dìng hé ài táo qián.

東坡詩聽武道士彈賀若　dōng pō shī tīng wǔ dào shì tán hè ruò

丙戌歲尾尹言書　bǐng wù suì wěi yǐn yán shū

S. 116, Anonym, Acht Stufen von Ruhe und Bewegung

佚名　yì míng

動靜功八法　dòng jìng gōng bā fǎ

心定神寧　xīn dìng shén níng

神寧心安　shén níng xīn ān

心安清靜　xīn ān qīng jìng

清靜無物　qīng jìng wú wù

無物氣行　wú wù qì xíng

氣行絕象　qì xíng jué xiàng

絕象覺明　jué xiàng jué míng

S. 117, Fāng Chūnyáng, Ruhe und Bewegung – gleiche Wurzel

方春陽　fāng chūn yáng

動靜由來屬互根　dòng jìng yóu lái shǔ hù gēn

身中別有小乾坤　shēn zhōng bié yǒu xiǎo qián kūn

納新吐故生生訣　nà xīn tǔ gù shēng shēng jué

三十六宮春永存　sān shí liù gōng chūn yǒng cún

S. 118, Zhū Xī, Traktat zur Regulierung der Atmung

朱熹	zhū xī
調息箴	tiáo xī zhēn
鼻端有白，我其觀之，	bí duān yǒu bái, wǒ qí guān zhī,
隨時隨處，容與猗猗。	suí shí suí chù, róng yǔ yī yī.
靜極而噓，如春沼魚，	jìng jí ér xū, rú chūn zhǎo yú,
動極而翕，如百蟲蟄。	dòng jí ér xì, rú bǎi chóng zhé.
氤氳開闔，其妙無窮！	yīn yùn kāi hé, qí miào wú qióng!

S. 120, Zhū Quán, Acht Brokatübungen

朱權	zhū quán
八段錦法	bā duàn jǐn fǎ
閉目冥心坐，握固靜思神	bì mù míng xīn zuò, wò gù jìng sī shén
叩齒三十六，兩手抱昆侖	kòu chǐ sān shí liù, liǎng shǒu bào kūn lún
左右鳴天鼓，二十四度聞	zuǒ yòu míng tiān gǔ, èr shí sì dù wén
微擺撼天柱，赤龍攪水津	wēi bǎi hàn tiān zhù, chì lóng jiǎo shuǐ jīn
漱津三十六，神水滿口勻	shù jīn sān shí liù, shén shuǐ mǎn kǒu yún
一口分三咽，龍行虎自奔	yì kǒu fēn sān yàn, lóng xíng hǔ zì bēn
閉氣搓手熱，背摩後精門	bì qì cuō shǒu rè, bèi mó hòu jīng mén
盡此一口氣，想火燒臍輪	jìn cǐ yì kǒu qì, xiǎng huǒ shāo qí lún
左右轆轤轉，兩腳放舒伸	zuǒ yòu lù lú zhuàn, liǎng jiǎo fàng shū shēn
叉手雙虛把，低頭攀足頻	chā shǒu shuāng xū bǎ, dī tóu pān zú pín
以候逆水上，再漱再吞津	yǐ hòu nì shuǐ shàng, zài shù zài tūn jīn
如此三度畢，神水九次吞	rú cǐ sān dù bì, shén shuǐ jiǔ cì tūn
咽下汩汩響，百脈自調勻	yàn xià gǔ gǔ xiǎng, bǎi mài zì tiáo yún
河車搬運訖，發火遍燒身	hé chē bān yùn qì, fā huǒ piàn shāo shēn
邪魔不敢近，夢寐不能昏	xié mó bù gǎn jìn, mèng mèi bù néng hūn
寒暑不能入，災病不能迍	hán shǔ bù néng rù, zāi bìng bù néng zhūn
子後午前作，造化合乾坤	zǐ hòu wǔ qián zuò, zào huà hé qián kūn
循環次第轉，八卦是良因	xún huán cì dì zhuàn, bā guà shì liáng yīn

王泰科	wáng tài kē
武當十二段錦	wǔ dāng shí èr duàn jǐn
一	yī
兩手托天理三焦	liǎng shǒu tuō tiān lǐ sān jiāo
叩手反掌向上托，	kòu shǒu fǎn zhǎng xiàng shàng tuō,
極力拔節骨間和，	jí lì bá jié gǔ jiān hé,
眼觀手背吸引氣，	yǎn guān shǒu bèi xī yǐn qì,
閉氣轉動左右啄，	bì qì zhuǎn dòng zuǒ yòu zhuó,
落臂畫弧如抱球，	luò bì huà hú rú bào qiú,
吸清呼濁起沉疴。	xī qīng hū zhuó qǐ chén kē
二	èr
左右開弓似射雕	zuǒ yòu kāi gōng sì shè diāo
引氣行臂出勞宮，	yǐn qì xíng bì chū láo gōng,
曲膝下蹲馬步同，	qū xī xià dūn mǎ bù tóng,
左右變換眼看手，	zuǒ yòu biàn huàn yǎn kàn shǒu,
一伸一縮似拉弓，	yì shēn yì suō sì lā gōng,
收腿抱球呼濁氣，	shōu tuǐ bào qiú hū zhuó qì,
眞氣塡海氣力雄。	zhēn qì tián hǎi qì lì xióng.
十二	shí èr
弓步輕雲上九天	gōng bù qīng yún shàng jiǔ tiān
展臂擴胸掌朝天，	zhǎn bì kuò xiōng zhǎng cháo tiān,
向后反掌對腰眼，	xiàng hòu fǎn zhǎng duì yāo yǎn,
弓步慢行腳扒地，	gōng bù màn xíng jiǎo pā dì,
左右變換步步行。	zuǒ yòu biàn huàn bù bù xíng.

張三丰	zhāng sān fēng
行功十要	xíng gōng shí yào
面要常擦，目要常揩。	miàn yào cháng cā, mù yào cháng kāi.
耳要常彈，齒要常叩。	ěr yào cháng tán, chǐ yào cháng kòu.
背要常暖，胸要常護。	bèi yào cháng nuǎn, xiōng yào cháng hù.
腹要常摩，足要常搓。	fù yào cháng mó, zú yào cháng cuō.
津要常咽，腰要常揉。	jīn yào cháng yàn, yāo yào cháng róu.

S. 130, Zhōu Lǚjìng, Das Nähren der sechs Überflüsse

周履靖	zhōu lǚ jìng
六餘之養	liù yú zhī yǎng
齒乃骨之餘，頻叩以益骨氣。	chǐ nǎi gǔ zhī yú, pín kòu yǐ yì gǔ qì.
發乃血之餘，一日一梳，活血氣	fǎ nǎi xuè zhī yú, yí rì yì shū, huó xuè qì
耳乃腎之餘，頻揉以補腎氣。	ěr nǎi shèn zhī yú, pín róu yǐ bǔ shèn qì
頂乃髓之餘，善固以暖髓。	dǐng nǎi suí zhī yú, shàn gù yǐ nuǎn suí
爪乃筋之餘，勿剪以全筋氣。	zhuǎ nǎi jīn zhī yú, wù jiǎn yǐ quán jīn qì
語乃氣之餘，少語以養氣。	yǔ nǎi qì zhī yú, shǎo yǔ yǐ yǎng qì.

S. 132, Zhā Shènxíng, Der Tempel der weißen Wolken

查愼行	zhā shèn xíng
白雲觀	bái yún guàn
沙晴冬候暖，古觀晚茶涼	shā qíng dōng hòu nuǎn, gǔ guān wǎn chá liáng
一徑踏殘葉，半庭除夕陽	yí jìng tà cán yè, bàn tíng chú xì yáng.
泥封丹灶台，石爐醮壇坊	ní fēng dān zào tái, shí lú jiào tán fāng,
華表依稀似，蓬萊是故鄉	huá biǎo yī xī sì, féng lái shì gù xiāng.

S. 134, Bái Jūyì, Das Pflanzen von Pfirsich- und Mandelbäumen   CD track 28

白居易	bái jū yì
種桃杏	zhòng táo xìng
無論海角與天涯，	wú lùn hǎi jiǎo yǔ tiān yá,
大抵心安即是家。	dà dǐ xīn ān jí shì jiā.
路遠誰能念鄉曲，	lù yuǎn shéi néng niàn xiāng qǔ,
年深兼欲忘京華。	nián shēn jiān yù wàng jīng huá.
忠州且作三年計，	Zhōngzhōu jiě zuò sān nián jì,
種杏栽桃擬待花。	Zhòng xìng zāi táo nǐ dài huā.

S. 135, Shào Yōng, Die Welt in der wir leben

邵雍	shào yōng
人生一世吟	rén shēng yí shì yín
前有億萬年，後有億萬世	qián yǒu yì wàn nián, hòu yǒu yì wàn shì
中間一百年，做得幾何事	zhōng jiān yì bǎi nián, zuò dé jǐ hé shì!
又況人之壽，几人能百歲	yòu kuàng rén zhī shòu, jǐ rén néng bǎi suì
如何不喜歡，強自生憔悴	rú hé bù xǐ huān, qiáng zì shēng qiáo cuì!

S. 137, Shào Yōng, Des Herzens Reinigung

邵雍   shào yōng

洗心吟   xǐ xīn yín

人多求洗身，殊不求洗心   rén duō qiú xǐ shēn, shū bù qiú xǐ xīn;

洗身去塵垢，洗心去邪淫   xǐ shēn qù chén gòu, xǐ xīn qù xié yín;

塵垢用水洗，邪淫非能淋   chén gòu yòng shuǐ xǐ, xié yín fēi néng lín

必欲去心垢，須彈無弦琴   bì yù qù xīn gòu, xū tán wú xián qín.

S. 138, Shào Yōng, Die große Frage – weit und breit   CD track 29

邵雍   shào yōng

何處是仙鄉？仙鄉不離房   hé chù shì xiān xiāng? xiān xiāng bù lí fáng

眼前無冗長，心下有清涼   yǎn qián wú rǒng cháng, xīn xià yǒu qīng liáng

靜處乾坤大，閑中日月長   jìng chù qián kūn dà, xián zhōng rì yuè cháng

若能安得分，都勝別思量   ruò néng ān de fèn, dōu shèng bié sī liàng

S. 139, Shào Yōng, Wie stürmisch, schnell ein Fluss auch fließt

邵雍   shào yōng

水流任急性常靜，   shuǐ liú rèn jí xìng cháng jìng,

花落雖頻意自閑；   huā luò suī pín yì zì xián;

不似世人忙裡老，   bú sì shì rén máng lǐ lǎo,

生來未始得開顏。   shēng lái wèi shǐ dé kāi yán.

S. 140, Jiāo Guóruì, Wenn du nicht strebst

焦國瑞   jiāo guó ruì

不求不得   bù qiú bù dé

求而不得   qiú ér bù dé

不求而得   bù qiú ér dé

不中有有   bù zhōng yǒu yǒu

S. 141, Jiāo Guóruì, Von Himmel und Erde lass Dich zu allen Zeiten geleiten

焦國瑞   jiāo guó ruì

提挈天地，   tí qiè tiān dì,

把握陰陽。   bǎ wò yīn yáng.

動靜有道，   dòng jìng yǒu dào,

是謂養生。   shì wèi yǎng shēng.

S. 142, Jiāo Guóruì, Die Tempelkiefer   CD track 30

焦國瑞   jiāo guó ruì

長白松，聳入天   cháng bái sōng, sǒng rù tiān,

連綿無邊際，浩氣沖霄漢   lián mián wú biān jì, hào qì chōng xiāo hàn.

長白松，蘊靈感   cháng bái sōng, yùn líng gǎn,

天地爲居室，瀑布爲垂簾   tiān dì wéi jū shì, pù bù wéi chuí lián.

長白松，體渾憨   cháng bái sōng, tǐ hún hān,

山泉育靈根，挺拔入雲端   shān quán yù líng gēn, tǐng bá rù yún duān.

長白松，氣勢大   cháng bái sōng, qì shì dà,

群星爲伴侶，天池作杯盞   qún xīng wéi bàn lǚ, tiān chí zuò bēi zhǎn

長白松，堅如山   cháng bái sōng, jiān rú shān,

鐵骨鑄身軀，鋼筋作肌腱   tiě gǔ zhù shēn qū, gāng jīn zuò jī jiàn.

長白松，傲長空   cháng bái sōng, ào cháng kōng,

風吹松濤滾，體動群山顫   fēng chuī sōng tāo gǔn, tǐ dòng qún shān zhàn

S. 144, Jiāo Guóruì, Hier stehst Du in der Tiefe   CD track 31

焦國瑞   jiāo guó ruì

爾忽高，爾忽低，   ěr hū gāo, ěr hū dī,

高低上下任轉移。   gāo dī shàng xià rèn zhuǎn yí.

處處是大法，勢勢合規矩。   chù chù shì dà fǎ, shì shì hé guī jǔ.

陰陽剛柔勁，   yīn yáng gāng róu jìn,

動靜虛實意。   dòng jìng xū shí yì.

我心在丹田，煉就混元氣。   wǒ xīn zài dān tián, liàn jiù hùn yuán qì.

爾忽進，爾忽退，   ěr hū jìn, ěr hū tuì,

進退前後任轉移。   jìn tuì qián hòu rèn zhuǎn yí.

步步是大法，勢勢合規矩。   bù bù shì dà fǎ, shì shì hé guī jǔ.

升降開合勁，   shēng jiàng kāi hé jìn,

七三煉養意。   qī sān liàn yǎng yì.

我心在中宮，煉就混元氣。   wǒ xīn zài zhōng gōng, liàn jiù hùn yuán qì.

S. 148, Jiāo Guóruì, Dithyrambus auf den Éméishān　　　CD track 32

焦國瑞　　　　　　　　　　jiāo guó ruì

中國峨眉四名山，　　　　　zhōng guó é méi sì míng shān,

白雲佛聖景奇觀。　　　　　bái yún fó shèng jǐng qí guān.

白雲禪師傳椿法，　　　　　bái yún chán shī chuán zhuāng fǎ,

儒醫道佛法地天。　　　　　rú yī dào fó fǎ dì tiān.

S. 150, Zhōu Qiánchuān, Merkverse für die Übungsfolge Éméizhuāng:
Himmel und Erde

周潛川　　　　　　　　　　zhōu qián chuān

峨嵋天地椿合訣　　　　　　é méi tiān dì zhuāng hé jué

象天則地，圓空法生，　　　xiàng tiān zé dì, yuán kōng fǎ shēng,

大小開合，唯妙於心。　　　dà xiǎo kāi hé, wéi miào yú xīn.

如如不動，是真陰陽，　　　rú rú bú dòng, shì zhēn yīn yáng,

寶斯不動，發用乃常。　　　bǎo sī bú dòng, fā yòng nǎi cháng.

唯氣與脈，不動動生，　　　wéi qì yǔ mài, bú dòng dòng shēng,

意動神到，開合降升。　　　yì dòng shén dào, kāi hé jiàng shēng.

降則嘿嘿，升則嘶嘶，　　　jiàng zé hēi hēi, shēng zé sī sī,

開合一如，結丹在茲。　　　kēi hé yī rú, jié dān zài zī.

靜如秋月，動若飆風，　　　jìng rú qiū yuè, dòng ruò biāo fēng,

彬彬克敵，分寸之中。　　　bīn bīn kè dí, fēn cùn zhī zhōng.

輕若鴻毛，重逾泰山，　　　qīng ruò hóng máo, zhòng yú tài shān,

用中無形，體用一焉。　　　yòng zhōng wú xíng, tǐ yòng yì yān.

大哉天地，十二椿首，　　　dà zāi tiān dì, shí èr zhuāng shǒu,

默識心通，貴在勤苦。　　　mò zhì xīn tōng, guì zài qín kǔ.

S. 152, Sū Dōngpō, Wenn's um Gemälde geht　　　CD track 33

蘇東坡　　　　　　　　　　sū dōng pō

論畫以形似，見與兒童鄰。　lùn huà yǐ xíng sì, jiàn yǔ ér tóng lín.

賦詩必此詩，定知非詩人。　fù shī bì cǐ shī, dìng zhī fēi shī rén.

聞琴喜於色，不讓天籟音。　wén qín xǐ yú sè,　bú ràng tiān laì yīn.

絲絲皆溫潤，聲聲盡率真。　si si jiē wēn rùn, shēng shēng jìn shuài zhēn.

S. 155, Jiāo Guóruì, Das Spiel des Bären   CD track 34

焦國瑞	jiāo guó ruì
熊戲	xióng xì
熊體外笨內自靈，	xióng tǐ wài bèn nèi zì líng,
渾憨沉穩重中輕。	hún hān chén wěn zhòng zhōng qīng.
撼運抗靠力在膀，	hàn yùn kàng kào lì zài bǎng,
氣沉丹田守中宮。	qì chén dān tián shǒu zhōng gōng.

S. 156, Jiāo Guóruì, Das Freie Spiel des Bären

焦國瑞	jiāo guó ruì
熊戲活練法	xióng xì huó liàn fǎ
時而漫步撼運，	shí ér màn bù hàn yùn,
時而按運游玩。	shí ér àn yùn yóu wán.
時而抗靠練膀，	shí ér kàng kào liàn bǎng,
時而推擠向前。	shí ér tuī jǐ xiàng qián.
時作熊貓洗臉，	shí zuò xióng māo xǐ liǎn,
時又熊蹲下按。	shí yòu xióng dūn xià àn.
時而尋食急走，	shí ér xún shí jí zǒu,
時而轉頸後看。	shí ér zhuǎn jǐng hòu kàn.

S. 159, Jiāo Guóruì, Das Spiel des Kranichs   CD track 35

焦國瑞	jiāo guó ruì
鶴戲	hè xì
鶴體飄飄立如松，	hè tǐ piāo piāo lì rú sōng,
意如飛翔在雲層。	yì rú fēi xiáng zài yún céng.
亮翅落雁獨立勢，	liàng chì luò yàn dú lì shì,
氣息升降意要輕。	qì xī shēng jiàng yì yào qīng.

S. 162, Jiāo Guóruì, Das Freie Spiel des Kranichs   CD track 36

焦國瑞	jiāo guó ruì
鶴戲活練法	hè xì huó liàn fǎ
時作雁落平沙，	shí zuò yàn luò píng shā.
時作白鶴舒翼。	shí zuò bái hè shū yì.
時作墨燕點水，	shí zuò mò yàn diǎn shuǐ,

時作金雞啄米。　　　　　　shí zuò jīn jī zhuó mǐ.
時作彩鳳飛翔，　　　　　　shí zuò cǎi fèng fēi xiáng,
時作雲鴻振羽。　　　　　　shí zuò yún hóng zhèn yǔ.
時作孔雀開屏，　　　　　　shí zuò kǒng què kāi píng,
時作白鶴獨立。　　　　　　shí zuò bái hè dú lì.

S. 165, Jiāo Guóruì, Das Spiel des Tigers　　　　　　CD track 37

焦國瑞　　　　　　jiāo guó ruì
虎戲　　　　　　hǔ xì
虎像威猛獸中王，　　　　　　hǔ xiàng wēi měng shòu zhōng wáng,
外剛內柔柔中剛。　　　　　　wài gāng nèi róu róu zhōng gāng.
動似飆風靜如月，　　　　　　dòng sì biāo fēng jìng rú yuè,
撲按搏斗體力強。　　　　　　pū àn bó dòu tǐ lì qiáng.

S. 167, Jiāo Guóruì, Das Freie Spiel des Tigers　　　　　　CD track 38

焦國瑞　　　　　　jiāo guó ruì
虎戲活練法　　　　　　hǔ xì huó liàn fǎ
時作飽虎漫步，　　　　　　shí zuò bǎo hǔ màn bù,
時作幼虎戲玩。　　　　　　shí zuò yòu hǔ xì wàn.
時作餓虎出洞，　　　　　　shí zuò è hǔ chū dòng,
時作虎鬥山間。　　　　　　shí zuò hǔ dòu shān jiān.
時作猛虎發威，　　　　　　shí zuò měng hǔ fā wēi,
時作虎撲向前。　　　　　　shí zuò hǔ pū xiàng qián.
時作伏虎觀月，　　　　　　shí zuò fú hǔ guān yuè,
時作怒虎搜山。　　　　　　shí zuò nù hǔ sōu shān.

S. 168, Jiāo Guóruì, Das Spiel des Hirschs

焦國瑞　　　　　　jiāo guó ruì
鹿戲　　　　　　lù xì
鹿體舒展意要鬆，　　　　　　lù tǐ shū zhǎn yì yào sōng,
切勿拘束勉強行。　　　　　　qiè wù jū shù miǎn qiáng xíng.
探身蹬跳又回首，　　　　　　tàn shēn dèng tiào yòu huí shǒu,
氣運尾閭練在筋。　　　　　　qì yùn wěi lǚ liàn zài jīn.

S. 169, Jiāo Guóruì, Das Freie Spiel des Hirschs   CD track 39

焦國瑞   jiāo guó ruì

鹿戲活練法   lù xì huó liàn fǎ

時而草原漫步，   shí ér cǎo yuán màn bù,

時而探身向前。   shí ér tàn shēn xiàng qián.

時而回首後看，   shí ér huí shǒu hòu kàn,

時而蹬跳前鑽。   shí ér dèng tiào qián zuān.

時而草原奔馳，   shí ér cǎo yuán bēn chí,

時而林中逃竄。   shí ér lín zhōng táo cuàn.

時而左右分水，   shí ér zuǒ yòu fēn shuǐ,

時而靜立林邊。   shí ér jìng lì lín biān.

S. 172, Jiāo Guóruì, Das Spiel des Affen   CD track 40

焦國瑞   jiāo guó ruì

猿戲   yuán xì

猿性善動動中靜，   yuán xìng shàn dòng dòng zhōng jìng,

若閃若電體輕靈。   ruò shǎn ruò diàn tǐ qīng líng.

看它一身無定勢，   kàn tā yì shēn wú dìng shì,

摘桃獻果多機警。   zhāi táo xiàn guǒ duō jī jǐng.

S. 174, Jiāo Guóruì, Das Freie Spiel des Affen   CD track 41

焦國瑞   jiāo guó ruì

猿戲活練法   yuán xì huó liàn fǎ

時作白猿窺望，   shí zuò bái yuán kuī wàng,

又作驚猴逃藏。   yòu zuò jīng hóu táo cáng.

時作白猿獻果，   shí zuò bái yuán xiàn guǒ,

又學倒拖金鞭。   yòu xué dào tuō jīn biān.

時作白猿摘桃，   shí zuò bái yuán zhāi táo,

又作金童舞劍。   yòu zuò jīn tóng wǔ jiàn.

時學白猿坐地，   shí xué bái yuán zuò dì,

又學玉女揮扇。   yòu xué yù nǚ huī shàn.

S. 176, Jiāo Guóruì, Kiefern des Huángshān   CD track 42

焦國瑞   jiāo guó ruì

黃山松   huáng shān sōng

松之一   sōng zhī yī

黃山松，石爲母，雲爲乳   huáng shān sōng, shí wéi mǔ, yún wéi rǔ

雨露育靈根，淨潔不知土   yǔ lù yù líng gēn, jìng jié bù zhī tǔ

松之二   sōng zhī èr

黃山松，星作伴，月爲友   huáng shān sōng, xīng zuò bàn, yuè wéi yǒu

挺秀凌空立，雄姿傲千古   tǐng xiù líng kōng lì, xióng zī ào qiān gǔ

松之三   sōng zhī sān

黃山松，氣勢大，體態美   huáng shān sōng, qì shì dà, tǐ tài měi

有內在的力，有外在的秀   yǒu nèi zài de lì, yǒu wài zài de xiù

松之四   sōng zhī sì

黃山松，腳踏山，頭頂天   huáng shān sōng, jiǎo tà shān, tóu dǐng tiān

意志比石堅，氣勢貫宇宙   yì zhì bǐ shí jiān, qì shì guàn yǔ zhòu

S. 180, Wáng Ānshí, Pflaumenblüten

王安石   wáng ān shí

牆角數枝梅，凌寒獨自開。   qiáng jiǎo shù zhī méi, líng hán dú zì kāi

遙知不是雪，爲有暗香來。   yáo zhī bú shì xuě, wèi yǒu àn xiāng lái

S. 181, Sū Dōngpō, Trunken am Westsee

蘇東坡   sū dōng pō

飲湖上初晴後雨   yǐn hú shàng chū qíng hòu yǔ

水光瀲灩晴方好，   shuǐ guāng liàn yàn qíng fāng hǎo,

山色空濛雨亦奇。   shān sè kōng méng yǔ yì qí.

欲把西湖比西子，   yù bǎ xī hú bǐ xī zi,

淡妝濃抹總相宜。   dàn zhuāng nóng mǒ zǒng xiāng yí.

S. 182, Zhū Xī, Mein kleiner Teich!

朱熹   zhū xī

半畝方塘一鑑開，   bàn mǔ fāng táng yí jiàn kāi,

天光雲影共徘徊。   tiān guāng yún yǐng gòng pái huái,

問渠那得清如許？   wèn qú nǎ dé qīng rú xǔ?

爲有源頭活水來。   wèi yǒu yuán tóu huó shuǐ lái.

布袋和尙   bù dài hé shàng

手把青秧插滿田，   shǒu bǎ qīng yāng chā mǎn tián,

低頭便見水中天；   dī tóu biàn jiàn shuǐ zhōng tiān;

六根清淨方爲道，   liù gēn qīng jìng fāng wéi dào,

退步原來是向前。   tuì bù yuán lái shì xiàng qián.

S. 184, Lǐ Tàibó, Der Einsame unter dem Mond

李太白   lǐ tài bó

月下獨酌   yuè xià dú zhuó

花間一壺酒，獨酌無相親   huā jiān yì hú jiǔ, dú zhuó wú xiāng qīn.

舉杯邀明月，對影成三人   jǔ bēi yāo míng yuè , duì yǐng chéng sān rén.

月既不解飲，影徒隨我身   yuè jì bù jiě yǐn, yǐng tú suí wǒ shēn.

暫伴月將影，行樂須及春   zhàn bàn yuè jiāng yǐng, xíng lè xū jí chūn.

我歌月徘徊，我舞影零亂   wǒ gē yuè pái huái, wǒ wǔ yǐng líng luàn.

醒時同交歡，醉后各分散   xǐng shí tóng jiāo huān, zuì hòu gè fēn sàn.

永結無情遊，相期邈雲漢   yǒng jié wú qíng yóu, xiāng qī miǎo yún hàn.

S. 186, Xǔ Xuānpíng schreibt an die Wand seines Einsiedlerhauses

許宣平   xǔ xuān píng

庵壁題詩   ān bì tí shī

隱居三十載，築室南山巔   yǐn jū sān shí zǎi, zhù shì nán shān diān

靜夜玩明月，清朝飲碧泉   jìng yè wán míng yuè, qīng zhāo yǐn bì quán

樵人歌壟上，谷鳥戲巖前   qiáo rén gē lǒng shàng, gǔ niǎo xì yán qián

樂矣不知老，都忘甲子年   lè yǐ bù zhī lǎo, dōu wàng jiǎ zǐ nián

S. 187, Des Lǐ Tàibó Reaktion auf Xǔ Xuānpíngs Gedicht

李太白   lǐ tài bó

題許宣平庵壁   tí xǔ xuān píng ān bì

我吟傳舍詩，來訪眞人居   wǒ yín chuán shè shī, lái fǎng zhēn rén jū

煙嶺迷高跡，雲崖隔太虛   yān lǐng mí gāo jī, yún yá gé tài xū

窺庭但蕭索，倚仗空躊躇   kuī tíng dàn xiāo suǒ, yǐ zhàng kōng chóu chú

應化遼天鶴，歸當於載餘   yīng huà liáo tiān hè, guī dāng yú zǎi yú

S. 188, Des Xǔ Xuānpíng Reaktion als er von Lǐ Tàibós Besuch erfährt

許宣平　　　　　　　　　　xǔ xuān píng

見李白詩又吟　　　　　　　jiàn lǐ bái shī yòu yín

一池荷葉衣無盡，　　　　　yì chí hé yè yī wú jìn,

兩畝黃精食有餘。　　　　　liǎng mǔ huáng jīng shí yǒu yú

又被人來尋討著，　　　　　yòu bèi rén lái xún tǎo zhe,

移庵不免更深居。　　　　　yí ān bù miǎn gèng shēn jū

S. 189, Yuán Méi, Alter! Reif sind deine Jahre!　　　　　CD track 45

袁枚　　　　　　　　　　　yuán méi

一笑老如此，作何消遣之　　yí xiào lǎo rú cǐ, zuò hé xiāo qiǎn zhī?

思量無別法，惟有多吟詩　　sī liàng wú bié fǎ, wéi yǒu duō yín shī.

譬如將眠蠶，尙有未盡絲　　pì rú jiāng mián cán, shàng yǒu wèi jìn sī.

何不快傾吐，一使千秋知　　hé bù kuài qīng tǔ, yì shǐ qiān qiū zhī!

S. 190, Yù Shàozé, Fünfundachtzig Jahre alt!

八五老翁何以求，　　　　　bā wǔ lǎo wēng hé yǐ qiú,

元音都爲後生留。　　　　　yuán yīn dōu wèi hòu shēng liú

蜀派古琴渡海外，　　　　　shǔ pài gǔ qín dù hǎi wài,

流水潺潺太空游。　　　　　liú shuǐ chán chán tài kōng yóu

先賢喻紹澤先生詩一首　　　xiān xián yù shào zé xiān shēng shī yì shǒu

晚學范煜梅敬書　　　　　　wǎn xué fàn yù méi jìng shū

S. 192, Bái Jūyì, Ode an die Faulheit　　　　　CD track 46

白居易　　　　　　　　　　bái jū yì

詠慵　　　　　　　　　　　yǒng yōng

有官慵不選，有田慵不農。　yǒu guān yōng bù xuǎn, yǒu tián yōng bù nóng.

屋穿慵不葺，衣裂慵不縫。　wū chuān yōng bú qì, yī liè yōng bù féng.

有酒慵不酌，無異樽常空。　yǒu jiǔ yōng bù zhuó, wú yì zūn cháng kōng.

有琴慵不彈，亦與無弦同。　yǒu qín yōng bù tán, yì yǔ wú xián tóng.

家人告飯盡，欲炊慵不舂。　jiā rén gào fàn jìn, yù chuī yōng bù chōng.

親朋寄書至，欲讀慵開封。　qīn péng jì shū zhì, yù dú yōng kāi fēng.

嘗聞嵇叔夜，一生在慵中。　cháng wén jī shú yè, yì shēng zài yōng zhōng.

彈琴復鍛鐵，比我未爲慵。　tán qín fù duàn tiě, bǐ wǒ wèi wéi yōng.

S. 194, Wēng Sēn, Die Freude am Lesen im Sommer

翁森	wēng sēn
四時讀書樂 · 夏	sì shí dú shū lè, xià
新竹壓檐桑四圍，	xīn zhú yā yán sāng sì wéi,
小齋幽敞明朱曦；	xiǎo jìng yōu chǎng míng zhū xī;
晝長吟罷蟬鳴樹，	zhòu cháng yín bà chán míng shù,
夜深燼落螢入幃。	yè shēn jìn luò yíng rù wéi.
北窗高臥羲皇侶，	běi chuāng gāo wò xī huáng lǚ,
只因素稔讀書趣；	zhǐ yīn sù rěn dú shū qù;
讀書之樂樂無窮，	dú shū zhī lè lè wú qióng,
瑤琴一曲來薰風。	yáo qín yì qǔ lái xūn fēng.